新装版

もう一つの人間観

和田重正

地《ぢ》湧《ゆう》社

改訂に際して

『もう一つの人間観』という本は、出版当時は予想通りあまり読まれなかった。ところがこの二、三年来急に売れて、もうかなり前から品切れになっているらしい。著者に直接請求して来た人も十人は下らない。この様な有様で、一人でも多くの人に読んでもらいたいと思っている著者としてはかなり前から再版を希望していたのだが、幸いこの度出版社を替えて発行することになった。そのついでに、巻末の二つの小文を取り換えて改訂版とすることになった。著者にとっては嬉しいことである。

なお、補充の「意味の世界」という小文は大変理解されにくいので削除するか書き改めるかしようと思ったが、いろいろ迷った挙句元のままにすることにした。どうか、ここはあまり気にせずに読み流してもらいたいと思います。

昭和五十九年三月

著　者

はしがき

これは愚鈍な素人が一生かけて描き上げた自画像です。科学時代の知識人たちからは、幼児のいたずらがきのように見られるでしょう。そのため、これを公表することにはかなりな躊躇を覚えました。わざわざ学者や宗教家など、えらい人たちから馬鹿にされるためにこんなものを公にすることはない、という気がしたのです。しかしその不安にもかかわらず、公にしてみたいという欲求を抑えることができないのは、これが十七歳から今日までの五十年間、一途に温めてきた「この自分とは何ものだろう」という課題に対する自分自身に提出した答案であるということもありますが、もう一つは、私と同じぐらい愚鈍で、しかも自分の正体を求めたり、生きるとはどういうことであるかを気にしたりしながら暗中模索している人もいるであろうから、そういう人にとってはこの答案もいくらか参考になるかも知れないと思うからです。もし万人に一人でもこれがお役に立って、その人自身の自画像が描けるようになってもらえたら、著者としてこれほど嬉しいことはありません。

　要するに、この拙劣な自画像を人目に触れるようにしようとしたのは、霊的素質に恵まれた勝れた人々に見てもらうためではなく、自分と同じように、鈍感なくせに屁理屈が止まぬ懐疑的な凡庸な人にひと息ついてもらえはしないかという期待を抱いたためなのです。

なお、これを読んでくださるうちに、いろいろな宗教で象徴的に説示されていることがらの真意について、ある程度の理解を得ていただくことになるかも知れないと思っています。

もしそういうことがあったら、著者にとって望外の喜びです。

どうか部分部分の言葉や理屈の運びにひっかからずに、全体として何を言おうとしているのかを、読み取っていただきたいものと願っております。

昭和五十年三月

著　者

目次

第一部　この自分とは何だろう

本論・進化の中における人間

第二部　いのちのスペクトル

第一部　この自分とは何だろう?

いとぐち

この自分とは何だろう?

私はこう自ら問わないでいられないのです。何故問わないでいられないのかよくはわかりません。たぶん、この問を問いつめて行って納得がいくと安心して生きられそうな気がするからだと思います。それがわかるまで自分は日々生きていながら、これでいいんだろうか、と常に疑いと不安を抱いていなければならないような気がするのです。

しかし何故という理由はともかくとして、自分がそう問わないでいられないという事実の方が今の私にとっては重要なのです。こんなことを問わないでいられない自分とは、いったい何者なのだろう。どういう仕かけがあって、こんなことを問いたくなるのだろう。と、またしても思ってしまうのです。

そこで、この問に対する答を求むるのにどのような方法があるのか、いろいろに考えられますが、私は自分の独自の素人的行き方でやってみようと思いました。

数学の応用問題を解くのでも法律の事案を解決するのでも、劣等生がやるように、ただその問題をボンヤリ眺めているだけでは、いつまでたってもケリがつきません。何かいと、ぐちをつかんで、それを手がかりにして、だんだんに問題の内奥に分け入って行かなければなりません。

しかし、そのいといぐちはできるだけ確実でなければなりません。それがアヤフヤだったら、そこから先の理屈がどんなに間違いなく運ばれても全体が落着きません。もし出発の足場に揺らぎがなければ、途中の部分に多少アヤフヤなところがあっても、そこはあとから埋め合わすことができるものです。

そこでこの自分とは何者だろう、というときの自分を調べるのに、何を出発点として捉えたらよいでしょうか。

私は、ヒトという種に属する生物の一個体である、というところを出発点としたいと思います。

何故かと言えば、これは別段、推理も証明も必要なく自分自身で承認している事がらだからです。世の中には、自分がヒトという生物の一個体であるということに疑いを持つへソ曲りもいるかも知れませんが、私は微塵も疑いを持つことができません。

ところが、この個体が実に不思議なものです。先にも言ったように、この自分とは何だろう、という奇問を発したり、犬や猫や猿など他の生物のやらないことをいろいろやります。この自分の仲間のヒトたちは、ことばをしゃべったり、便利な道具や機械を作ったりしてすばらしい文明社会を築きました。自分もそれにあやかって快適に暮らさせてもらっているのですが、私が問題にしたいのは、そのことより自分をはじめほとんどすべての人が、他の生物にはないだろうと思われる煩悩《ぼんのう》（思い煩《わずら》い悩む）ということを経験するということです。私自身も若い時には大へんな煩悩に苦しみ通しました。

そういう特殊な特徴を持った生物の個体である自分とはどんなものか、他の個体《ヒト》を参考にしながら、もう少し自分自身を観察してみましょう。

欲望の束である生きもの

――本論の理解のため

⑴　いのちと自分とはどんな関係になっているのだろう

自分自身について疑いもなく確信できることの一つは、〝自分が生きている〟という事実です。これは推理や証明が要りません。

ここで〝生きているとはどういうことか〟と問いつめられると、いろいろな説明が出てくるでしょうが、どんなに上手に説明されても差し当たりの問題解決には何の役にも立ちません。役に立つのは、理屈はともかくとして〝自分は生きている〟という事実の承認だけです。

そこで、それが認められるなら、生きるという事実をあらしめている力があるに違いないと考えられます。何かに変化を与える作用《はたらき》をするものを力と言うのでしょうから、生きるという一種の変化を起こさせるものも力だと言ってもよいと思います。

その力を私はいのちと呼ぼうと思います。

そのいのちは私の意識する自分という個体の内にあるのか外にあるのか、また、それはどんな性質をもった力なのか、などはわからないとしても、ともかくこの自分はいのちに生かされているという実感は誰にでもあります。——これがごく常識的な理解の仕方で、これでも決してわるいというわけではありませんが、この言い方では自分といのちが別々のような感じがするので、私はいのちがいのちを生きている、という言い方の方が正確な表現のような気がするのです。

こんなことは、どう言ってみても、単なる表現の相違で、よく味わってみれば内容が異なるわけではありませんから、どちらでもよいのですが、私は、少し常識的ではないけれども、自分の実感にしたがって、いのちがいのちを生きると言っておきます。この実感はさらに単刀直入に言えば、自分というものの本質はいのちで、いのち以外に自分というものはないということになります。——これが自分というものの一つの捉え方です。

(2) 自分のもう一つの捉え方——欲望とは何か

ところが現実の自分の生きる有様をみると、自分はいのちだ、と言って澄ましていられません。わたしたちが「自分を知りたい」という欲求に駆られるのは、本質が何かより、むしろ現象の方が問題だからなのです。

そして、現象の中でも苦悩という、たぶん、人間独特だと思われる精神現象の生物的意味——つまり、生物進化の過程における意味の解明を求めたいのです。苦悩の実体、その原因などを明らかにすれば、それは避けることができるか否かも自ら《おのずか》明らかになり、それに対する心構えも定まるだろう、というわけです。

そういう観点から自分を観察してみると、苦悩というのは、自分の欲求が満たされないときに起こるのだとすぐわかります。

そこで欲望という精神現象に目を向けてみると、自分が生きてすることは、何も彼も全部欲望に駆られてのことだとわかってきます。欲望と言っても、私の言うのは普通使われる意味より広く、要するに、食いたい、したい、行きたいなどの「たい」をすべて欲望として扱います。すると、自分のすることは行くも止まるも、ことごとく欲望によって行なわれるということになります。ただ、例えば、木登りしていて枝が折れて落ちるとか、タンクが破裂して吹き飛ばされるというような現象は、変化ではあっても自分の欲望によって起こったことではありません。

このように、自分の意に反して起こる変化以外は、ことごとく自分の欲望によって行なっているわけです。

つまり「生きている」ということは、欲望がはたらいているということになります。換言すれば、いのちは欲望という形で表現されるということになります。

これを整理すると――

自分というこの生物は、本質はいのちであるが、外から捉えると、欲望の塊り、あるいはその束である、と言えるでしょう。

そこで次に、人間の欲望というものについて観察してみようと思います。

(3) 欲望の淵源は何だろう

人間が〝こうしたい〟とか〝こうでありたい〟ということは、細かく分けてみれば、ほとんど無数にあると思います。その無数と思えるほどある欲望《たい》をボンヤリ眺めていては何も出てきませんので、何かを拠りどころとして整頓してみる必要があります。

私はその拠りどころとして、本能を取り上げようと思います。何故かというと、すべての欲望は、必ずその源泉をいずれかの本能に発しているからです。本能と無関係に発生する欲望は考えられないのです。このことは欲望についてもう少し観察してみれば、自ら了解されることだと思います。

ともかくあらゆる欲望は、その源を本能に発しているということになると、欲望を整頓してみるのには、本能にはどのような種類があるかを知り、それに従って分類するのが便利のように思われます。

〝本能にはどんなものがあるか〟ということについて、人はいろいろな説を立てているようですが、ここでは本能そのものについて調べることが目的ではないので、混乱を避け、むしろ例示的に数種を挙げて話を進めます。

(4) 本能の役割別

私は、人間の本能を大別して、次の三種とします。

A、自己保存のための本能

B、Aを掩護する本能

C、集団本能

右のそれぞれについて、若干の説明を加えてみます。

A 自己保存のための本能

この本能の主要なものは食欲・性欲です。その他、睡眠欲とか運動欲などもこの部類に入りますが、それらは、これから述べようとする欲望の発達や知能との関係においては、さほど重要でないから省略して、食欲性欲をAの眼目として扱ってゆきます。

なお、食欲が自己保存を目的とすることは誰でも異存はないと思いますが、性欲のほうは種属保存が目的ではないかと抗議される方もあるでしょう。が、私は性欲もAに入れられるべきものだと思います。それは、すべての本能は究極的には種属保存が目的で、それに適するように形成されてきたもので、食欲もその点では例外ではありません。しかし食欲は自己の個体を維持・発達させることが当面の目的であって、結果的に種属保存に役立つという仕組みになっているのは明瞭ですが、性欲についてもその点は同じように理解されると思うからです。

性本能が発動して子を生ずる、それによって種属が維持され、発展するのですが、自分自身を素直に見てみると、性本能の直接的目的とするところがそのようなこと（種属保存）だと考えられるでしょうか。

私は性本能の直接目的は個体の空間的（数量的）時間的拡大にあると思います。つまり、自分の分身を作り自分を数量的にも増やすと同時に個体の時間的継続をはかるということだと思います。

生物も進化の過程の低い段階で、機能が未分化のときは、性本能についても種属保存という本来の目的だけが働いて個体への執着が見られませんが、だんだん進化し、機能が分化して来るにしたがって、個体の意味が強調されてきます。そして、人間に到ると、その性本能の様相は極めて個体色が強くなります。つまり、独占排他的になってきます。人間独特の恋愛という形の性現象が極端に独占排他的であることは多くの人々の経験するところでしょう。

また、もし種属保存のみが性本能の目的であるならば、人間の性意識につながる子孫への愛着（愛情）のあり方はもっと異なったものであろうと思われます。それは単に性本能ばかりから来ることではなく、他の知的な配慮も加わって形造られるものだとは思いますが、人間は自分の子、自分の孫には、他人の子や孫とは別の愛着や満足感を味わうのが普通ではないでしょうか。

これらのことから、私は性欲も食欲と同じ自己（個体）保存を目的とする本能の現れだとするのです。性欲が先の分類でAに入るかCに入るかは、これからの私の主張に重大な影響がありますので、以上、取り立ててくどく問題にしたのです。

余談ですが、今世紀末の人類最大の問題として騒がれている人口問題への対策も人間の性本能と知性の関わりをどのように理解するか、ということが一つの重大な前提になるのではないかと考えます。しかしいまはそれに深く立ち入る機会ではないし、私自身十分な発言の用意があるわけでもありませんから、ここでは、この大問題に対する一つの〝感じ〟を述べておくに止めます。

それはいのちの直接のはたらきである性本能へのもっと広い視野からの理解が必要であって、近視眼的な大脳知を過信してのやりくりは人類をさらに深い苦しみに陥れる危険がある、という懸念です。

B　Aを掩護する本能

これは快・不快を識別する能力です。美醜、美味・不味、香臭などを感じ分け、美には惹《ひ》かれ、醜悪を避ける能力は、程度の差はあれ、すべての生物に具わっていると思います。

これは個体の安全に有益なものは快として感じ、それに接近しようとし、有害なものには不快を感じてそれを避けようとする能力です。つまり、Aの本能を本隊とすると、Bはそれを護る役割をする護衛部隊のようなもので、AとBと相伴って安全に個体を保全することができるわけです（この本能と芸術的欲求との関係は後の(7)節で述べたいと思います）。

C　集団本能

これは集団生活をする動物のもつ能力で、これは、静かな目立たないはたらきをする本能ですが、しかし、個体の幸不幸を決定的に支配する重要な本能です。

　生物界の生存競争に生き残るには、ライオンや虎のように個体の一つ一つが強力な闘争力を持っているか、あるいは、ミミズのように体を切断されても死なないとか、魚のように他の動物に食われても食われても食い尽くされないほどたくさんの子どもを産むといった方法で種を維持するシブトサを具えているか、そうでなければ、あとは集団の力で外敵に対抗するより仕方がありません。蜂や蟻や馬・猿などはその例ですが、人間もその類に入ります。

　例えば、仲間が危険に瀕したとき、われ先にと逃げ出さないで、みながわが身を犠牲にしても集団を防衛する行動に出る本能で、蟻や蜂が大きな外敵の襲撃に対して、小さなからだを投げうって立ち向かう有様は、しばしば見かけるところですが、あれは、誰かから強制されたり、訓練されて行なっているのではありません。このような本能の中心的要素が仲間感覚であります。誰からも命令も強制もされなくても、仲間の安全のために、それぞれの役割に応じた防衛的行動をとるように仕組まれた本能で、よい集団を作り、維持するには、絶対に必要な能力です。


以上のようにみてくると、Ａは本質的に自己中心的にはたらく本能であり、Ｂはそれ自体としては本質的に自己中心的ではないが、Ａに奉仕する役目上、結果的には自己中心的にはたらくことになり勝ちであり、Ｃだけが自己中心でない本能だと言えます。

これは重要な意味をもった事柄ですから、心に留めておいてもらいたいと思います。

(5) 欲望はどのように進展するか

次には、人間の本能と欲望の関係を考察してみましょう。

人間にもＡＢＣの本能は具わっています。しかしその欲望は、人間の場合には本能レベルのままで止まっていないで、高度の発達をします。その発達の様相は、およそ次のように考えられます。

　例えば、お金や財物をいくらでもたくさん所有したいという、いわゆる財欲という欲望があります。これは本能的欲望とは言えません。では何かと言うと、これは食欲（性欲もからんでくるでしょうが）という本能的欲望から発展した欲望ですが、本能そのものではありません。

　では食欲（及び性欲）からどのようにして財欲が生じてきたかを図式的に描いてみれば、恐らく次のようになると思います。

　進化の途上のある時点で、非人間（たぶん、類人猿の一種でしょう）から人間が生じました。その一つの顕著な特長は、それまでほとんど本能だけで生きてきたところから脱け出して生《なま》の本能以上に欲望を発展させたということだと思います。

　食や性の本能についても、それまでは欲望が生ずるとそれを満たす対象を求めて歩き、そのつど欲望を満たしていたのが、ある時から、もっといつでも欲するときに得られるようにするにはどうしたらよいかを知的に理解し、例えば、食物をその時食べる分より多く採取してこれを蓄える。もう少し発達すると、量ばかりでなく質的にもより美味いものを蓄え、それが時を経ても変質しないような蓄え方を工夫することになります。

いずれにしても物を蓄えることに慣れてくると、それは必ずしも食ばかりでなく、衣・住などに関する他のいろいろな欲望を満たすのにも好都合であることを知り、物を蓄えることにますます興味を覚えるようになってきたのだと思います。

ここで断っておかねばならないのは、物を蓄えるのは人間だけではないけれども、人間以外のものの行動と人間のそれとは行動の質が違うということです。例えば、蜂・蟻などの昆虫類でもあるいは野鼠やリスなど哺乳類の中にも食料その他を蓄えるものがありますが、それは一定の条件がととのえば必ずその行動をとるという、つまり、本能として行なうので、〝するか、しないか〟の選択的行動とは全く性質の異なるものなのです。本能でない、知的選択行動として物の蓄積保管をするのは、類人猿の中にも多少はあるかも知れませんが、大体、人間に限ると言えると思います。

このようにして財欲が食・性などの本能を基盤としながら別の次元の欲望として成立したと考えるのですが、ここで非常に重要なことを指摘しておかなければなりません。

(6) 欲望は知能の発生の原因か

その重要なこととは、欲望の発展と知能の発達の関係です。「もっと蓄えよう」という、本能より一段高い欲望が生じて実行するのには、それに応ずるだけの知能がはたらかなければなりません。さらにもっと安全で、もっと随時に欲望を満たすにはどうしたらよいか、と考えるのには、より高い欲望が湧いて来なければなりません。

そのように欲望と知能の関係を考えると、互いに因であり、互いに果であるように見えます。しかし、それは実は因果とか表裏というような関係でなく、同一のもの、のとらえ方の相違にすぎない。もっと極言すれば、それは全く同じものであると考えてよいのだと思います。

――このあたりはさらに明確な詳解が必要なのですが、本論の筋道には重要な関係がないので、この程度で通過して行きたいと思います。――人類の知能が僅か百万年か二百万年の間に驚くべき発達を遂げたということは欲望がそれだけ発達したということだと理解してよい、という意味です。

　このことはまた、欲望の発達の方向と知能の発達の方向とは同じだということで、人格を考え、人類の文明を考えるとき重要な前提となります。

　さて、以上は財欲について図式的にその形成過程を描いたのですが、財欲は財欲で止まらないところが人間なのであります。支配欲＝権力欲、名誉欲などに発展します。これらはまとめて、勝ちたい欲あるいは征服欲または優越欲とでも言ってよいと思います。それらは一面、食欲・性欲の、より完全な、より上質な満足を求める手段としての性質も残っているでしょうが、それよりこのあたりになると、安心感の追求という方に重点が移っていると考えられます。

　財欲でも初めの単純な所有欲からだんだん発展していわゆる蓄財を楽しむという程度に至ると、もはや、食欲等の現実的な満足という点より、その重点は、それらの欲望がいつでも思うように満たされない心配がないという安心感の方へ移っていると考えられます。その安心感をさらに追求して行くと、支配欲・権力欲に発展するのだろうと思います。名誉欲もさらにその系列の上級の欲望として生ずると考えられます。

ところが、この安心感の追求ということを始めると、名誉欲で止まってはいられません。大体、この食・性系統の欲望は、本質的に自己中心的というより利己的であると言った方がよいので、この系統の欲望は、必ず隣の個人の同様の欲望と衝突するでしょう。そして、その難関をどうやって乗り越えてより大きな安心を得られるかと言えば、一般には、隣と争い戦うことではなく、隣と和解し、相手に利を与え、喜びを与えて、それからの報いを求めるという道を選ぶでしょう。

しかしこれは「情《なさけ》は人の為ならず」という段階で、相手がこちらの期待に沿うように報いてくれない惧れがあります。この報いを期待するという心がある限り、充分な安心は得られないことは、普通経験するところです。

そこでもっと徹底した無条件の安心を得たいと思えば、結局〝安心を得たい〟という欲望さえも捨てなければならなくなります。

こうして人々は本能的欲望から発して遂に無欲になりたいという願望に至ります。つまり、無欲欲とでも言うべき欲の終点で、かつケリのつかない矛盾に到達します。これは理屈や想像でなく、多くのいわゆる求道者の体験でありますが、ここが何故ケリのつかない矛盾であるかということは、後に大脳の話（本論・進化の中における人間）をするときに明らかにしたいと思います。

いずれにしても、この欲望の系列の中では、どんなに高次の発展をとげても、「コレデヨシ」というところには絶対に達しないことは上述の通りですが、この欲望の発達の様相から学ばなければならないのは、全く自己中心的、あるいは利己的（エゴイスティック）な本能から出発した欲望の発展の方向が超個我を目指しているという奇妙な事実です。

この事実ほど、人間観決定の上で重要な意味をもつことは他にありません。

(7) 芸術的欲求は本能か

次に、Bの本能（快をとり、不快をさける本能など）とそれから発展した欲望について考察しましょう。

生物の五感は身の安全を衛《まも》る役目を持って発達したもので、安全のためにプラスになるものを快と感じ、危険なものを不快に感ずるようにできています。そして〝快には近づき不快を避ける〃という性質が生物には具わっています。ということは、美しいもの、心地よい形、美しい音、などを求める本能的欲望があるという意味でもあります。

この本能的欲望が、それに伴う知能と共に本能の域を脱して、もっと美しいもの、もっと快い音を求めはじめます。ここからが人間特有の欲望となります。一旦、人間的な欲望にまで発展すると、それは際限なく、もっと美しい色や形、もっと心地よい音などを求めます。

この欲望は、はじめ「快」の対象を外界にのみ求めますが、まもなく「快」は自己の心の欲求と外界との呼応、共鳴にあることに気づき、さらに自己の心を究めて行くにしたがっていヽのヽちの実体に触れ、その味わいを外界の物に託して表現しよう、という欲望にまで発達してゆくのだと思います。つまり、美術とか音楽という芸術は、このBの本能を出発点として発達したものと言うことができるのではないでしょうか。

以上は欲望の発展を論理的な観方で図式化したので、幼児の心理が必ずしもこの順で発展する、ということではありません。むしろ、このような欲望の発展経路は、遺伝の中で、ある程度消化されてくるのだろうと思います。

また、このBの本能は、Aのように本質的に甚だしく利己的ではないので、「快」の対象を外界にのみ求める姿勢から転じて、自己の内部に目を向け、さらにいのちの実体に進むことは、比較的容易であるはずです。そうなれば、欲望は個我的性格を脱しようとする方向に向かったと理解してよいのではないでしょうか。ことに、私たちが自己の内部に目を向けたとき、それに映ずるものは、Aの本能から出た利己的な欲望の醜さもあるが、また、明るく、最も美わしいCの本能から発した人間愛の相（すがた）もあるわけです。

つまり、このB本能の系列にある欲望の進む方向は、外界と自己とのいのちの呼応の悦びであり、それはA本能と同じように超個我に向かっていると言うことができるでしょう。

この点について、私は自分自身が甚しく芸術的センスの乏しい人間であるために自信をもって言うことを憚《はば》かるのですが、よい芸術――つまり芸術性豊かな芸術とは、われわれのより高次な（ということはより拡大された自己の）欲求と呼応する何かを具えているものを指すのだと考えるのです。絵画でも書でも彫刻でも音楽でも、不朽の傑作と言われるものはみなそのような方向を指し、知的理解を超えたいのちのあらわな相《すがた》（個性）を彷彿させるものなのではないでしょうか。

(8) 人類愛の本質は何だろう

最後に、Cの集団本能から発する欲望について考えてみましょう。

前に述べたように、この本能は、本来、利己的なものではなく愛他的なものですから、通常の用語法では、これから発した「思いやり」とか「同情」の心などは欲望とは言いません。人に安心を与えたい、人を愛したいなどのたいはせいぜい願望というぐらいで、普通、利己的な意味に使われる欲望という呼び方はしません。

しかし(2)節で述べたように、私はこのたいもいのちの活動の一種に違いないと思いますので、これも欲望と呼んで他の欲望と同列に扱った方が、人間理解のためにはわかりやすいと思うのです（これは本能に対する善悪の先入見的評価を排除するのに役立つでしょう）。

よい集団を作るのに必要なこの本能は、その中心的な要素として仲間感を必要とします。逆の言い方をすれば、自分の仲間であると感じない相手には、この本能ははたらかないということです。ここに言う仲間感とは、血のつながりの感じと言ってもよいと思います。

相手の身になってそのためにつくす。つまり、思いやりということは、集団本能から発展した人間らしい心情ですが、それが知能と共に拡大されると、隣人愛とか人類愛にまで成長します。その心情の拡大は仲間感の拡大と同意義だと言えるでしょう。人によっては、特に東洋人は、仏教の影響もあってか、この仲間感が人類の枠を超えて一切の生類から無生物に至ることさえあります。

ともかく平和なよい集団（社会）を作るには、この本能を粗末にしては不可能です。

(9) どうして世の中がこんなに急激に居心地がわるくなったのだろう

ここで余談になりますが、戦後の三十年間で日本の人間がすっかり変わりました。大人も子どもも心の優しさが急激に失われ、まことにつまらなくなりました。深い心が通じ合わない、表面のことばのやりとりで日を送っているという有様です。四十年来、毎日青少年と接している私は、最近の十年間の彼等の変わりようを見て恐ろしくなっています。人の真心などはめったに通じない、人のことばを聞いて、心を聞こうとしない。これは一般的な現象ですが、新聞で見る赤軍派とか何々派とか称する若者たちのすることはどうでしょう。鬼とも蛇とも言いようもない仲間同士の冷酷な仕業をどう理解したらよいでしょうか。彼等は、口を開けば人類だの、社会だの、正義だの、幸福だの、と言いますが、よい社会を作るのに最も基本的な集団本能から出る情性を全然育てられていない。情性——思いやり——心の通い——人間的な愛情、そういうものを全く欠く冷たい知の陶酔者の彼等には、社会だの、社会正義だのを論ずる資格は全然ないと言わねばなりません。——しかし、そんな青年を誰がつくったのか⁉　青年自身に責任があるとは思えないではありませんか。

一般的な青少年の犯罪も近年、ますますその様相が冷酷になってきたということは、その道の人々からよく聞かされるところです。

一言で言うと、近年われわれの社会では、冷たさが急激に浸透してきた、それだけ居心地もわるく楽しさの少ない社会になってきたというわけです。

その原因はどこにあるのでしょうか。

いまはそれを深く追求する場合ではありませんので、この問題は誰かが別に取り上げて深く広く究明してくれることを期待するわけですが、私は素人考えで次のように思うのです。

——最大の原因は母と初生児との間の心の交流が乏しくなったということ、それから子どもが成人するまでの成育歴の中で、大人の心が子どもの心に流れ込む量が甚だ少なくなったということだと思います。これが仲間感——血のつながりの感じ——思いやりの心の育ちを妨げたのだと思います。

つまり、集団本能が知を伴った人間らしい情性へ発展するのには、ポンプの呼び水と同様に、同質のものを、まず注ぎ込まれることが必要ですが、近頃は、その呼び水が足りなくなっているのだということです。

初生児は、彼らが接触する唯一の先輩である母からの思いやりの心に触れて、それに応ずるやさしい心が芽生えます。やや大きくなると、父親や祖父母や、兄弟その他の先輩と接触し、学齢に達すれば、先生とか上級生、あるいは友人などの温かい思いやりの心に触れて、自分の中の情性が膨らみ、内容も豊富になって行きます。これが健全な情性発達のすがたですが、もし、その過程で、このような思いやりの心に触れる機会を持たなかったり、あるいは思いやりとは逆の冷酷な仕打ちに常に遭遇していたら、その子はどうなるでしょう。

ここまで考えてくると、今日の子どもも若者も、甚だしく情性を欠き、心と心の深い交流ができなくなった原因は、ほぼ見当がつくではありませんか。

親が子を思い、その子が将来心豊かな思いやりのある青年に育ってくれることを願うのは、昔も今も変わりないでしょう。それだのに近頃の子どもは、その親の願いに反した冷たい青年に育ってしまうのですから、不思議と言えば不思議です。ある人は漠然と「それは世の中が悪いからだ」と言います。しかし、それでは解決にはなりません。もっと具体的な指摘がなければ方策の立てようがありません。

私は、親や大人の子どもに対する思いやりが、無くなったのではないが、それが子の心に届かなくなったのだと思います。ではどのようにして届かなくなったのかというと、親と子、大人と子どもの間に物と知識が入って、心の通いを妨げているのだと思います。

そもそも科学知識とか、それによって作り出された発明品などは、主として食・性の系統の欲望に駆られて作り出されたもので、しかも知識や物そのものは知恵の痕跡であって、いのちやこころとは直接何の関わりもないものですから、愛情とか思いやりの心にとっては不良導体、絶縁体のはたらきしかしません。

赤ん坊が生まれると、赤ん坊は本能によって食を求めます。母親はその求めに応じて、いそいそとオッパイを与えます。これはまことにイキの合った情景です。一分《ぶ》のすきもない健全ないのちのはたらきです。

ところが、中にはオッパイのよく出ない母親もあります。そのとき、二、三十年前までは母親は鯉汁を飲んだり餅を食べたり乳房を揉んだり、苦心惨憺《さんたん》して、一滴でも多くオッパイを出そうと努力しました。それでもどうしても足りなければ玄米を潰して代用食を作り、まだ間に合わないときには牛乳を飲ませる。という風に、ともかく昔の母親は赤ん坊のために自分で一生懸命工夫しました。

今日の若い母たちはどうするでしょう。そんなに工夫するでしょうか。ひどいのになると、オッパイが出るのに何のためか知らないが、それをやめて早々と人工栄養に替えるのだそうです。ともかく育児の知識と便利な哺乳道具や栄養豊富なミルクで体格のいい子を易々《やすやす》と育ててしまいます。

それから以後も、子どもらは栄養学、医学、教育学、心理学などの知識とそれに基づく便利重宝な新発明品で育てられます。

むろん親や大人たちは、それが子どものためと信じて行なっているのですが、「子どもとは何であるか、人間とは何であるか、そして子どもにとって、人間にとって何が一番大事なのか」などについてとんでもない誤解をしているために、肉体と知識ばかり太った情性欠除の怪物が大量生産されてしまったのです。

問題は、集団本能を源泉とする情性の発達をどのようにして促すか、具体的には、この発達した科学知識や物質文明に禍《わざわい》されずに情性を健全に発展させるにはどうしたらよいか、というところに帰すると思います。

この解決は世界平和の根本的解決を導き出すし、その他あらゆる社会的不幸の解決にも役立つに違いありません。ですから、若い有能な人が生涯かけて真向から取り組むのに充分な価値あるテーマだと思います。

なお、この件に関して極めて憂慮すべき事実があります。それは情性未発達のまま成人になり、親となり、教師となる者がますます増えて来る事実です。その親や教師に教育された子がどうなるかは想像に難くはありません。思いやりに欠け、仲間感の微弱な人間がこうして加速度的に増え、物質と権力のために徒党を組んで横行する者の激増するであろう三十年先の世の中を考えるとき、暗然たる気持ちにならざるを得ないではありませんか。対策を真剣に講ずるのは現下の急務ではないでしょうか。

⑽　欲望の現実のすがた——食欲と性欲の観察

以上、本能の種類と人間の欲望の発達についてザッとみてきましたが、現実のわれわれの欲望のあり方は、とてもとてもそんな単純なものではありません。欲望を細かく算え上げたらどんなことになるか、恐らく八万四千と言いたくなるでしょう。

例えば、食欲だけみても、ただ空腹感を和らげればいいというものではありません。いろいろ複雑な要求があります。味や匂いについてはもちろん、温度から、だんだんぜいたくになると器やあたりの状況に至るまで、細かい注文をつけることになります。もっと充分に、もっと楽しくという欲望の性格に押され、知に導かれて、食欲もいろいろな様相を呈します。

性欲の場合は一層徴妙です。人間以外の動物では性欲のあり方は割合単純で、要するに雌雄が交接するだけで、それに至る道行きや段階、交接そのものの態様などについて大した複雑なことはないようです。鶏や犬や猫などでは準備行動がいくらかは見られますけれど極めて単純なものです。ところが、人間の性欲のあり方は大へんな複雑な相（すがた）を呈します。要は、生殖目的の本能ですから、究極的には交接に向かって仕組まれているのでしょうが、なかなか単刀直入には行きません。

最も稀薄な前駆的性欲現象は、ある年齢に達すると同性間のつき合いと異性との間のつき合いとは違う感じがする、という相で現れます。どちらかというと、異性と親しむ方を好もしく思います。そして、相手が美人（自分の好きなタイプ）であればなおさらです。ただ、こういうことをあからさまに表わすのは相手に対して失礼だとも思うし、自らそれを認めることは浅ましい気がするので、なるべく何食わぬ顔をしているだけだと思います。相手と自分と別段何の関係もない、またそのような関係を予想したり望んだりすることのできない全くの行きずりの人との間にさえこのような淡い情を催すということは、人間の性の仕組みの微妙さを語っているのだと思います。

――このような現象はどういう意味をもっているのかということを、若い時から考えてきました。ずっと以前には、これは、よい種属を遺す必要のために仕組まれたよい交接実現への準備段階なのかと考えていましたが、近頃は、その意味ばかりでなく、この現象は実は淡いながらも性欲満足の一種ではなかろうかと思っています。その理由については後に述べる機会があるかも知れませんが、このことは性道徳・性教育を考えるとき重要な意味をもってくるので、ここで一応指摘しておきます。

ちなみに、トルストイの『性欲論』（角川文庫・米川正夫訳）という有名な小篇がありますが、これは、キリスト教的であるのかも知れませんが、人間を快活な生物であることを否定し、陰うつな怪物にしようとする論だと思います。人間理解のどこかに無理があって、このような不健全な相（すがた）を描かせるのでしょう。

ともかく、恋愛が性的現象であることは間違いないところですが、性の発動が、このような強烈な形をとると、人間は異常な精神的体験をします。それによって、人間は激しい苦痛や喜びを体験し、その精神的激動が平生気づかない人生のいろいろな問題に眼を開かせることになります。恐らく、人間の精神的発達の大きな原動力になっているのではないかと思います。

それについてまた余談ですが、近頃の若者たちは、戦前の若者と比べると恋愛をする率が非常に高いと思います。それは人間らしさへの進歩であって、大変結構なことだと思います。われわれの周囲の若者を見渡すと、大半が恋愛みたいなことをしています。誰かが結婚した、という話を聞くと「恋愛？　見合い？」と平気でききます。新婚夫婦に対してまで「恋愛ですか」などとききます。きかれた方も平然として、「まあ、恋愛です」と答えます。

まことによく普及したものだと思います。そして前にも言った通り、これは一応結構なことに違いありません。しかしその恋愛の質の面から見ると、あまり褒めたことではないとも言えます。極端な言い方をすれば——

「キミ、オレ好きかい?」
「まあね」
「じゃ、結婚しようか」という程度の恋愛結婚がなんと多いことか。

だから離婚が多いんだ、などと野暮を言おうとするのではありません。これではせっかくの恋愛が、痛烈な苦しみも喜びももたらしてくれないことを嘆くのです。それだけ精神の深みを味わう機会を逸していることになるのではありませんか。

しかしこのために、今さら、共学をやめ男女の交際の自由を昔のように制限するわけにもゆきません。ただ、そのような手軽な結合を「恋愛結婚です」などと偉そうなことを言わないでもらいたい。

これは若者を軽蔑するために言っているのではありません。せっかくの恋愛感情を浅く経験させる世の中の状態を嘆いているのです。さりとて、これに対して適切な対策があるわけではありませんから、ただの愚痴にすぎないのかも知れませんが……。

しかし若い者がどこかの国のように、フリーセックスなどやりはじめたら、性の強烈な味ばかり知って人間性の深みを知るなど思いも及ばないことになります(挙句の果てに、快楽の虚しさを知って真実の生きる道を求める者も出るかも知れませんが、多くを望むことはできないでしょう)。フロイトの言うほどではないとしても、人間の精神の発達が性の欲求に大きく動機づけられているということは認めざるを得ません。そして、他の欲望でも同じですが、殊に性の欲望は抑えれば抑えるほど激しくなり、それを抑えようとするとき、精神的不安定や苦痛を味わう仕かけになっています。これが自己を知り、人間を知るキッカケになるわけです。端的に言えば、私は、性の無軌道的な解放には大反対です。そんなことは決して進歩的な思想ではないと思います。それは人間的進歩に有利ではないということです。抑圧のための弊害もむろんあるでしょうが、その犠牲を払っても、性の抑圧による精神の深みを求める方が、個人にとっても、人間社会の正常な進歩にも必要だと思うのです。

この解放とか規制は規則や命令で行なわれるのではなく、国民一般の道徳意識によって左右されることで、その道徳意識は今日では大部分、新聞、雑誌、テレビなどマスコミによって作られていると思います。しかもそのマスコミは、われわれ庶民には手の届かぬところで操縦されているということになると、こんな議論は何の意味もないのかも知れません(それにしても、学校の道徳科の無力さよ!)。

ともかく恋愛や結婚についての近年の開放的軽はずみの傾向は、人間が何千年か何万年かかかって獲得してきた精神生活の深みを失わせる力になっているような気がしてならないのです。

恋愛論はこのくらいにしておいて話を本筋に戻しますと——

性欲に関してもっと細かいこと、例えば性交そのものについても他の動物はほとんど一定の方式しか行なわないのに、人間はいろいろな工夫をこらして、より劇しい快楽を求めようとします。

このように性的欲望もいろいろな形に細分されます。食欲・性欲より次元の高い欲望についても同様な変化や細分化があるのですし、どんなに高い欲望が発達しても底辺の本能的欲望が無くなるわけではありませんから、一人の人の欲望の内容は複雑多様を極め、その全貌を捉えることは容易なことではありません。

人間は欲望の束だと私は簡単に言いますが、実際は無数に分化し、変化した欲望があるばかりでなく、それらが互いに絡み合い、時には互いに助け合い、あるいは拮抗し合い、抑圧し合う、という、まことに捉え難い複雑な構造をなしています。

⑾ ひとがらとは？

欲望の構造や活動の様相は、人々によってみな異なっています。つまり、人間像を構成する欲望の内容は人によってみな違っていると思うのです。ある者は食欲や性欲のような本能的欲望か、せいぜいそれに密着した財欲的欲望が主成分で、愛他的欲望とか高い美の実現を求むる欲望などのような、本能から遠い高級な欲望はほとんどありません。他の者はその反対に、高い欲望が全体の中で最も重要な位置を占めています。

そこで私は、ひとがらというのは、その人のもつ欲望の配合と、重点の置き場所によってきまると思っています。欲望群の構成が本能に近いものに集中されていると、自己中心度が強くなり、下劣なひとがらとなります。その反対に本能から遠く進化した高級な欲望をたくさん持ち、その方に意識の重点がおかれている人のひとがらは高いと評価されるのだと思います。

それでは、欲望の配合や重点の置き場所は何によって決まるのかというと、それは自己理解の深さ、正しさの程度によって決まると言えるのではないでしょうか。

この考えを教育の中へ持ちこむと、いわゆる人間教育の重要な内容として、子どもの欲望のあり方を、なるべく本能的なものより高い欲望に重点を置かせるように工夫することが大切だということになります。

そのために、指導者が心得ておかなければならないことがあります。それは食欲・性欲のような本能的なものは、人為的な刺激を与え、それに注意を向けさせることをせず、自然に放置した方が健全に保てる。それに反して高級な欲望は、それに注意を集中させられることによって育つものだということです。

この事実は一般にあまり認められていないとみえて、食・性共に間違った扱いをしたり、不用意であったりすることが多いように思います。幼児が物を食べないと言っていろいろ工夫して無理に食べさせようとすると、子どもはますます食べようとしない。手を変え品を変えて食べさせようとするが成功しないで、子どもはだんだん痩せっぽちの神経質になって行く。これとは反対に、少し大きくなった子の中には無茶苦茶な大食いをする子があります。精神的なもの足りなさを補うために無闇に食うのでしょうが、それを抑えるために食べ物をかくしたり、「そんなに食べると胃拡張になるよ」などと脅しても容易に治らないで、かえってますます食い物に注意が集中し、手当り次第に物を探して食べるという結果になります。こういうのは食欲に注意を集中させてかえって健全な本能を損なっているのだと言わねばなりません。

幼児の場合でも右にあげた大食の場合でも、食欲を直接にコントロールしようとするのは愚かなことで、食欲を異常にしている（主として）精神的原因を除く工夫をすべきなのでしょう。

性欲の方では、近頃まことに刺激過多になっています。戦前とくらべると、近頃の子どもは性的に早熟になっていると言われますが、その一つの大きな原因は、男女共学と世間一般の性公開傾向にあると思います。早熟については栄養が良くなったためだと一般に言われますが、それもあるかも知れませんが、私はそれより前述の原因の方が遙かに重大だと思います。早熟がよいか悪いかは、にわかに断ずることはできませんが、近頃の子どもたちのように強い性的関心が日常化しては、人格形成の上にも知能の発達の上からもよいことだとは思えません。

単なる共学による刺激だけなら青少年を活き活きとさせるのにプラスになるでしょうが、雑誌やテレビ、映画などによるアケスケな猥談や春画に類する表現が、青少年の性意識にどんな影響を与えるか考えるまでもないことです。街に賑かに貼り出されている映画のビラは、大人でも正視するに堪えないものばかりです。挑発的な文句と裸の男女のもつれ合っている姿態。いまの若者は、昔のものと違ってあのような刺激には慣れていて特別な感じは受けないのだ、とものわかりのいい人はよく言いますが、もしそうだとしたら、それこそ大変です。それは性感覚の鈍麻であって性欲の異常だと言わなければなりません。そのような鈍い性感覚で大人になったものは、いよいよのとき本当の深い性のよろこびを味わうことはできないでしょう。

――そんなよろこびはなくてもよいが、そのようなニブイ状態では仕事の面でも勉強の面でも決してファイトが湧いてきません。性感覚の鈍さの弊害がその程度ならまだよいが、それが進んだり、こじれたりしたときにはまことに困ったことが起こります。変態や不能が中年層の中に多くなってきていると言われますが、「やっぱりそうか」と思わないでいられません。

憲法保証の基本的人権の一翼である〝表現の自由〟が、商業主義に煽られて無制限に主張され、その結果、若者の福祉がこれほど無残に踏みにじられているのを為政者たちはどう正当化するのでしょう。若者の身心の健康が商業主義の犠牲になるのを、憲法は黙認するのだろうか。ここで憲法論を展開しようとは思いませんが、早く言えば、企業家のお金儲けと、何千万人の青少年（ひいては一般庶民の）の身心の健康と、どちらが大切だと日本国政府は考えているのだろう、ということです。

食と性が異常になってくると、その文化社会は崩壊すると歴史家はよく言いますが、個人でも同様です。若者を「崩壊」させないためには、食と性その他の本能的欲望は、なるべく特別な刺激を与えずに放置しておくのがよいのだ、ということを心得ておかなければなりません。

⑿ 欲望の罪悪性について

これで人間の欲望について私の考えていることは大体終わりですが――

何年か前に、私は『欲望の教育』という小冊子を出したことがありますが、それは欲望を罪悪的なものとして否定的に取扱う傾向の強い道徳や宗教に対する反発として書いたもので、欲望はいのちの具体的活動であるとし、いのちを否定しないなら欲望も否定すべきでない。それどころではなく、欲望を健全に発達させることが、人間をより人間らしく生長させるゆえんである、という趣旨で書いたものです。ところが、『欲望の教育』という題名だけを聞いて、食欲や性欲や名誉欲などを大いに旺んにすることを唱導するのかと誤解した人がたくさんいました。

なるほど欲望の発達とか進歩と言えば、食欲や性欲が強烈になり、その行為や対象にも工夫が重ねられて、食文化・性文化を生み出すことを唱えるのかと思うのは無理からぬことかも知れません。実際にそのようなことも欲望の発達と言い得るのでしょうが――

私が人間追求の途で明らかにする必要のあったのは、そのようなことではなく、上来述べて来たように、欲望の質的展開を欲望の発達進化と理解することだったのです。食・性の本能的欲望から発して自他の区別さえ拒絶したい欲望にまで及ぶ質的展開は、実は、欲望の意味のより深い追求によってもたらされるものであることを付け加えておきます。このことは、これから述べる〝進化の過程にある生物としての人間〟を理解していただくのにも役立つはずなのです。

なお、欲望とその罪悪性についての徹底的理解は、後の本論によって得ていただけると思いますので、ここでは、ただ欲望そのものには罪悪性はないが、特定の欲望への停滞が罪悪的意味をもつものだ、ということを指摘するに止めます。

以上は、自分という人間の現状観察です。

本論・進化の中における人間

次に自分を、進化の連鎖の中にある生物の一個体として理解してみようと思います。ということは、人間をいきなり万物の霊長だとか、神の子、仏の子などと評価し規定してしまわないで、生物の仲間としてどのような特性を持つかを考えてみようというわけです。

しかし以下述べることは、事柄の性質上、まったく筆者の大脳のはたらきによる想像力の描いたもので、実験的に実証されることではありませんから、何の権威もないことかも知れません。でももし人が、無邪気に心を開いて童話を読むような気持ちで読んでくださったら、きっと何か心に触れるものを受け取っていただけると確信しています。

(1) ヒトはどのようにして出現したか

さて、
大宇宙に初めがあるか、ないかはわかりません。私は小学校以来、今日まで六十年ぐらい考えていますが、まだわかりません。しかし、あるとしなければ話が始まりませんから、まずそこから始めます。

暗黒もなかった。
時間もむろんなかった。

暗黒と時間がはじまったのは
水素原子があちこちに生じたときだ。
その密度は一万立方キロメートルに一つという稀薄さだった。

でも微《かす》かな一粒は、当然微かな引力を具えていた。
そして、一万キロ隔たった隣の原子との間にゼロでない力の交渉をもっていた。

何億兆年かたった。
微かな力の交渉は、測り知れない大きな空間の隅々にまで及んだ。

そして、互いを動かしはじめた。百万年に一ミリの速度で。
その運動は求心、音もなく渦巻が形作られて行った。

何千億年が過ぎた。
原子の運動は加速度を得て、もの凄い速度に変じ、
百千万億恒河沙《ごうがしゃ》を超ゆる原子の凝集によって、次第に熱を帯び、
遂に光を発するに至った。
星雲ができたのである。

こうして、十億の太陽を含む星雲が
この宇宙には
十億もあるというのだ。
十億の十億倍の、青赤白黄、とりどりの
光をちりばめた宇宙は

そのまま静かないのちの花園となった。

これが創世紀です。

次は、

地球に目を向けます。地球はもうだいぶ固まって、海と陸とがかなり分れています。あるとき、水中に不安定な単細胞生物が生じました。同じ条件下だから同時に（と言っても五千年とか一万年ぐらいの間に）無数のものが発生したのでしょう。その無数の個体は、大体同じ性状をもっているが、それぞれに極微の差異がありました。

それはたとえどんなに不安定な存在であっても、すでに生きものだということになれば（その理由はわからないけれど）生存を続けよう、という力が体内にはたらいたはずです。その力のはたらきの態様は、選択であったに違いありません。（存続という）目的に合致した選択に成功した個体だけが存続し、その他は滅びたに違いありません。その生き残りの個体を活動させる力（いのち）はその「成功の体験」を体内に蓄えます。

このようにして初発の単細胞生物は順調な分裂能力を獲得し、より安定した単細胞生物となり、さらに「成功の体験」を蓄積してヴォルヴォックスのような単細胞生物と多細胞生物の中間の段階を経て、遂に多細胞生物を生じ、それから何億年かの時間をかけて高等動物を生じ、人間の出現に至ったわけです。

(2) 生物の進化とはどんなことだろう

話を進めて行く前に、もう一度進化ということについて幾つかのことを確かめておきたいと思います。昔ある雑誌に出ていた漫画ですが、小さな子どもが猿の檻の前にしゃがんでいるのです。

ママ「いつまで見ているの？　もういいでしょ」

子ども「だって、お猿さんが人間になるの見てるんだもん」

生物の進化とはこの坊やの考えるような個体の変化ではなく、種の変化をいうのだということを明らかにしておかなければなりません。

次に、単細胞生物から多細胞生物が出来たとしても、元の単細胞生物が無くなってしまうのではなく、進化に適した体験の蓄積に成功した部分だけが多細胞を形成するようになったので、そうでない部分は進化せぬままで存続します（生存の条件と進化の条件とは異なることに注意）。

ですから現象的な結果としては、進化・未進化が混在するのが普通です。魚類から両棲類ができても、蛙と鰹や鯖が共存しているようなものです。

（後に述べるように、いのちの世界は意味の世界であって、時間と空間で規定される現象を説明するのに用いられる部分という言葉は、ここでは適当ではないので、本当は、いのちの新たに獲得した属性とでも言いたいところです。しかし、それでは却って混乱しそうなので、普通の立体表現を用いておきます）

(3) 初発の単細胞生物は同一種だろうか

それから、もう一つ最も重要なことですが、初発の単細胞生物の個体数は何個だったかわかりません。もしかすると一個だったのかも知れません。もしそうだったとすれば問題は簡単なのですが、その時の地球上の状態を想像すると、生物発生に適した同じ条件のところはかなり広範囲にわたっていただろうと考えられるので、同時にかなり多くのものが発生したと考える方がよいと思います。

そうなると、その連中は別々に生じたのだから皆同一種だと考えるのは無理ではないかという疑いが起こります。この点について、私はこう思うのです。

もし生物と無生物の連続を認めないならば、突然同時に生じた多数の単細胞生物は、形態や成分や活動に共通点があっても、一つの「種」と認めることは（分類学的な便宜の上からはよいとしても）、「血のつながり」を問題とするこの話の中では許されないことです。

(4) 無生物と生物は連続か不連続か

ところが、それら多数の初発の単細胞生物を同一種の個体だと認める私の考えは、無生物と生物の連続を前提としているわけです。言い換えれば、科学の認める生命現象の本質は、必ずしも生物にのみ具わっているのではなく、無生物にもそれははたらいていると考えるのです。生物と無生物とでは、そのはたらきの態様が異なっているだけだと思うのです。その本質とは何かを詳しく説明するには、また創世紀に戻らなければなりませんが、そういう空想的な段階に低迷していてはキリがありませんので、簡単に片づけましょう。

これはギリギリのところ、宇宙の変化に方向があるか、あるとするとその方向を人間が知り得るか、というような問題になってしまいます。そして、その答を、地球の変化やその上の無生物と生物にあてはめて考えなければならないわけです。

まず、私は宇宙の変化には一定の方向があると思っています。これは実証することができないので、一種の信仰のようなものかも知れません。私は、この大宇宙はそのつど、行き当たりバッタリに変化しているのではないと思うのです。変化して行った方向がその方向なのだ、といった酔払いの歩みのようなものではないと思うのです。

——どこからこの考えが出てきたのかと言うと、宇宙の外に宇宙なし、という事実からなのです。他からの制約がなければ、ひとたび変化が始まれば、その方向は変えられる道理がありません。何故始まったかはわからないけれども、現に変化しつつあるという事実は知ることができます。この変化には一定の方向がある、と考えるのが自然ではないでしょうか。

これを地球に引き降ろして考えてみると、地球がまだドロドロだった時代にも、それはデタラメにドロドロだったのではないと考えられます。ある方向への変化の途中だったわけです。そのドロドロを構成する物質の部分部分も、すべてその方向への変化のための力を負荷されていたはずです（この言い方も大変まずいので、実際はその物質の状態そのものが力なのであり、宇宙的役割の表現なのです）。

そしてそのような力を持った物質が最初の生物となり、生命現象を実現させたのだと思います。ですから、生命現象を起こさせた力と、すべての物質の状態をそのようにあらしめている力とは全く同じ性質の力であるばかりでなく、実は同一の力の異なった様相のはたらきにすぎないと思うのです。

私がいのちと呼ぶのは、この力のことであることはすでにおわかりのことと思います。

地球上に同じ条件下で同時に発生した多数の初発の生物も、同じ一つの力の同じ態様のはたらきによって生じたものですから、形の上では別々の存在ですが、それは一つのいのち、共通のいのちのある部分（属性）によってあらしめられていると言えます。このようなものは生物の一つの「種」であると認めてよいのではないでしょうか。

さらに重要な事実は、これらの単細胞生物は細胞分裂によって繁殖しますが、個体が単純に分裂して繁殖するのではなく、単細胞生物もしばしば二つが体を接して体液の交換をするという事実も認められています。

このようなことが無数のものの間で、もし一万年繰返し行なわれたとしたら、どんなことになるでしょう。個体の体液の質における不連続は想像することができません。言い直せば、すべての個体の体液は、みな混ざってしまうはずだというわけです。体液の交換が分裂を起こす条件ではないにしても、進化ということを考える上で必要な、種の設定のためには、この事実は大へん意味のあることだと思います。

(5) 進化の方向をどのようにして推測するか

それから、宇宙の変化の方向を人間が知ることができるか、という問題に対しては、「できない」と答えるより仕様がありません。また、地球上に発生した生物の進化の方向についても、むろん知ることはできません。しかし、これはわれわれの接するいろいろな事実の観察から推測することはできるでしょう。殊に人間を生物進化の一つの頂点にあるものだと考えれば、その特徴を正しく捉えることによって、脊椎動物の進化の方向を推測することも不可能ではないと言えます。

ダーウィンの進化論に疑問を感じたことからこの推測に興味をもって、その緒《いとぐち》を掴んだような気がすると称するのが、アメリカのクルーチ（"The Great Chain of Life", Joseph Woob Krutch）という人です。この人の生物の観察や実験から得た推測と、私の空想的思索による見当とは奇しくも一致しているのです。このことについては後に欲望と大脳のことを述べるときに触れることができると思います。

⑹ 蓄積された成功的体験の数量

さてだいぶ道草を食いましたが、最初の単細胞生物が人類になるまでの間にどれほどの「成功の体験」を蓄積してきたか、細かに考えてみたらどういうことになるでしょう。

これは想像ですが、最初に発生した単細胞生物は、生物ではあってもその個体すべてが確実な生殖能力をもっていたとは言えないのではないかと思うのです。その点から言うと、まだ完全に生物とは言えない無生物との中間のものがあったと想像してもよいのではないでしょうか。しかし個体そのものと、それらの環境の極めて微かな差異によって、あるものはだんだんに確実な生殖能力を身につけ、あるものは滅びてしまったか、生殖せず今日まで何億年かそのまま生きつづけているかも知れない（その可能性は極めて少ないけれど）と考えることができます。

そのような不安定な単細胞生物から（確実な繁殖能力を獲得した）安定したものにまで変化するのに、どれほどの選択に成功したと考えられるでしょうか。具体的にどのような場面があったか想像もできませんが、恐らく今日の科学者も指摘することのできない微妙な諸場面があったと思います。ともかくその段階だけでも無数というほどの成功の体験を経ているだろうと思います。もう少し進化した段階で考えてみても同様です。魚から両棲類になるのにどれだけの「選択の成功の体験」を積み重ねなければならなかったか。それは到底算え切れる程度のものではないことだけは了解されると思います。

こう考えてくると、単細胞生物から人間までの間にどれだけ「選択の成功」の蓄積があったと考えられますか。ただ無限数と言っては実感が湧かないから、兆の兆乗の、その兆乗のその兆乗……これを兆回繰り返しただけと言っておきます。そのくらいの具体的選択場面から得た成功体験を蓄積してきているわけです。

ここで見落としていけないのは、体験が蓄積されているという事実です。どういう形で蓄積されているかというと、恐らく抽象化された意味としてだろうと思います（後で補充・一に述べるように、いのちの世界は意味の世界ですから、これは当然です）。

さて、そうして進化を遂げてきた人間のいのちは、初発の単細胞生物のいのちと連続しています。途中で一度も断絶していません。

しかし連続と言っても、縄の端と端とが続いている、というのとは違います。いのちは時間的空間的拡がりのないものですから、単細胞生物のいのちと人間のいのちとの間に距離がないわけです。従って、われわれの感覚的な受け取り方では「一つのものの含む二つの傾向」といった相（あり方）だと理解することになります。

これではわかりにくいから、この相を推測させるような事実を挙げてみます。

男子の一回の射精で排出される精子の数は三億位だと言われています。そして一個の精子の長さは1／16ミリメートルだそうです。また、女子の毎月排出する卵子の大きさは直径1ミリぐらいだとのことです。この1ミリと1／16ミリが結合すると人間になるのだそうですが、人間になるということは、人間となるべき形質の遺伝子を完全に保有しているということです。

遺伝形質というと、毛がちぢれているとか、鼻が上向いているというようなことかと思うかも知れませんが、そういう末梢的なことばかりではなく、およそ人間が人間として形成されるすべての条件です。例えば二本脚で歩くように体全体が構造されていることはもちろん、頭が胴の上にあったり、胃が食道の下についていたり、二本の腕が腹や背中から生えていないで胴体の上の方の両側に一本ずつ付いている、あるいは微妙なホルモンを製造したり、そのホルモンに反応し得るような器官が整備されたり……、生まれてから大体一定した年月がたつと誰でも大体同じような身心の成長変化を表す、といったようなことで、もしこんなことを算え上げたら、何億、何千億になるか知れません。

そんな無数（無量か）の可能性を整然と保っているのが、1ミリと1／16ミリの結合体であるわけです。結合する前の精子と卵子とがどのような状態で遺伝形質を保有しているのか、その辺のところは不明ですが、ともかく微妙な二つの物質を依りどころとして、到底われわれの頭脳では把握することのできない膨大な量の形質が遺伝されるわけです。

この遺伝という現象は単なる物質的現象ではありません。遺伝される形質そのものは物質でなく一種の力で、それはいのちのはたらきであり、いのちの自己表現力と言ってもよいと思います。

そしてこの力は、時空の制約外の存在ですから、われわれの感覚的捉え方によると、それは、大きさがないとも受け取れるわけです。しかし、そんな力がわれわれの感覚の世界に現れるためには、何らかの物質を依りどころにしなければならない。このことを言いなおせば、物質さえあれば、それがどんなに小さくても、それにどれだけ多くの力でも封じ込めることができる、ということです。

（ついでに、物質に、ある種の力――可能性といってもよい――を封じ込めるという奇術がどうしてできるのかということに対する説明として、その両者は質を全く異にしているのではなく、共通のものがあるからだ、と考えるのですが、その共通のものとは、いのちであり、両者はいのちの

相異なった自己表現のかたち＝相なのだと私は思っています）

以上は遺伝のこと、つまり形質のことですが、これをいのちの選択力、つまり成功的選択体験の蓄積量ということに換えて考えてみれば、単細胞生物のいのちと人間のいのちは別のものではないということの意味もいくらかわかりやすいのではないかと思います。

このような説明はどのくらい有効かわかりませんが、要するに言わんとするところは、人間のいのちの中には初発の単細胞生物のいのちも、それから以後の進化の過程にあるすべての生物のいのちも、ことごとくその体験と共に含まれているということです。人間のいのちにとって単細胞生物のいのちは過去のものではなく、現在のわがいのちの中に活き活きと生きているという事実を言うのです。

この事実は重大です。そしていのちのなせる体験はいのちの中に蓄積されて、絶対に消滅しないという事実もさらに重大です。

もし蓄積されないとしたら、でたらめな変化はあっても、筋の通った進化という現象は起こらないはずです。ところが、人間は進化を遂げた生物であると認めねばならない物的証拠があるならば、人間は前に述べた「兆乗の兆」という体験をバックとする驚くべき選択力を受け継いでいると言わなければなりません。この選択力は、正しい問題解決力と言ってもよいでしょう。

さて、人間人間と言ってきたけれども、あなたも人間の一人です（ここで耳を引張るなり、顔を撫でるなりしてご自分を確認してください）。だから、あなたをあらしめているいのちは単細胞以来何億年間の体験を保有し、ほとんど、完璧と言えるほどにあらゆる場面の正しい選択力をもっているはずだと考えるのが当然でしょう。

その選択力のことを知恵と言います。

つまり、あなたは（あなたをあらしめているいのちは）、人間存在の意味（目的）に適った、万全といい得るほどの知恵を受け継いでいるということです。これは想像でも信仰でもなく、間違いのない経験的事実なのです。

この話は、主として単細胞生物のところから始まりましたが、先にも少し触れた通り、実は地球上に単細胞生物ができる前の無生物時代の宇宙の歴史は、恐らく生物時代の何億倍か何千兆倍かわからないほど長いものでしょう。その間の物質のありとあらゆる在り方の体験、生物を地球上に生ずる方向への合目的な選択の体験は、すべて初発の単細胞生物に受け継がれているはずです。それを勘定に入れたら、いったいあなたのいのちの包蔵する選択力、つまり知恵はどんなものか。それは見渡すことはできなくても、その無量さを感ずることはできると思います。

驚いたでしょう。私もこれに気づいたときには全く驚きました。しかしこれは夢物語でもなし、この話の中には何のトリックもありません。正真正銘の事実談です。

(7) それほどの知恵者のあなたが、どうして苦しみを招くような生き方(選択)をするのでしょうか?——大脳とはいったい何でしょう?

それでは、それほどの知恵を包蔵するあなたや私が、どうして現実生活の中で年中選択に迷い、その挙句とんでもないことをしてしまうのでしょう。それほどすばらしい知恵をもっているならもっと滑らかに明るく生きられるはずだのに、事毎に煩悶し苦悩しなければならないのは何故でしょう。

そう言えば、人間以外の動物にはあまり煩悩がないようです。また、むやみに仲間喧嘩をしたり、自分も他人もひとまとめにして滅ぼしてしまうような大仕かけな破壊兵器を作ってしまったりすることはありません。そんなバカなことをするのは人間に限ります。

これはどうしたわけなのか。それは、人間には他の生物に見られない知能が発達しているからなのだ、ということは誰にもすぐわかるでしょう。

この知能は、大脳の発達によってもたらされたものであると考えられています。

(8) 大脳は人間にとってどんな意味を持っているか

そこで、いったい大脳のはたらきは人間にとってどんな意味をもっているのか、という問題を解明しなければなりません。

その手がかりを、脊椎動物と無脊椎動物の比較に求めようと思います。脊椎動物の進化の頂点を人間だとすると、無脊椎動物の頂点は昆虫だとされています。この両者の生き態《ざま》の違いは、本能のみによって生きているか、本能以外の判断にによって生きるか、にあるとみることができるでしょう。

昆虫の中には、生きるために、殊に種属保存のために、とても人間にはまねできない驚くべき巧妙なことをするものがあります。先に挙げたクルーチの本にも、われわれの想像を絶する巧妙なことを行なう昆虫の例を幾つも掲げています。中でも農業を営む蟻の話など、おとぎ話ではないかと思うほどよくできています。この蟻の常食にするのはある種の茸《きのこ》なのですが、その茸《きのこ》はある種の木の葉で作った地下のベッドで栽培されるのです。その栽培技術も、人間の及ばないほど巧妙なのだそうです。

その他、蛾や蜂などいろいろな昆虫の驚くべき生活が報告されていますが、それらの行為は知的な判断によって行なわれるのではなく、全く本能のはたらきなのです。つまり、彼等にとっては、それらの行為は、するかしないかの自由がなく、ある時期にある条件がととのえばその行為をしないわけにはゆかない、という種類のことなのです。

例えば、ある種類の蜂はある種の蛾の幼虫の体に卵を産みつけるのですが、その産みつける場所は皮膚と内臓の間でなければならないのです。一ミリの何分の一の深浅の差があっても失敗なのですが、彼等は決して失敗しないのです。練習もせず教わりもせず、一発でそれをやってのけるのです。これを裏返して言えば、失敗ができないということになります。

ところが人間の為すことには失敗が多い。原水爆、産業公害など種属保存についてさえ決定的危険を招くようなことをしてしまいます。食糧増産のつもりで農薬や化学肥料を発明して、田畑を荒らしたり人体を害したりします。人間が健康で長生きするようにと思って医学や薬学を発達させて新しい病気を造り、人間を根本的に弱くしてしまいました。目先の利益に惑わされて元も子も失うようなことばかりやっています。そんな大きなことばかりでなく、個々の人の日常生活でも、少しばかりの得をしようと思ってあつかましいことをして人から怨まれて、結局、大きく損をしたり、人に勝っていい気持ちになろうとして無理をしてノイローゼになって落伍したり、まことにクダラナイことばかりをやってしまいます。

これは、いったいどういうことでしょう。

無脊椎動物は昆虫あたりで進化が停止して、本能にまかせて平和に静かに生きています。ところが、わが脊椎動物の方は急ピッチで進化を遂げ人類まで来たが、人類に至って大混乱を生じたというわけです。その大混乱の原因が大脳にあるということになると、大脳というものはまことに奇怪なものだと言わねばなりません。なぜ奇怪かというと、大脳もいのち自身が体験の蓄積の結果獲得したもので、他からの強制や干渉によって不本意ながら出来てしまったものではありません。

そうすると、われわれが現実に見るようなバカラシイことを繰返し、遂にはヒトという種の存続さえも危険に頻するような文明を造り出し、生物界に大混乱を惹き起こしたこの大脳とはいったい何なのだろう。こんなものを獲得したのは、いのちの失敗なのだろうか、と疑わざるを得ないでしょう。

この辺のところが、昔から、人間の罪とか迷いの問題として、殊にその発生の仕組みについて説明のしようがなく困ってきたところです。キリスト教の罪、仏教の迷、煩悩、罪悪などについて常識的な納得を導く説明がないので、「それは神の唯一の失敗ではないか」とか「説教者の独断ではないのか」という初歩的な疑問を起こさせてきたのだと思います。しかも、それが初歩的だから一層広く重大な結果を招いているのだと思います。

しかしこの初歩的な疑問は、個体の立場から出たものであっていのちの立場からの疑問ではありません。いのちの立場からは、大脳の発達をもたらしたのはやはり失敗ではなく進化の上で筋の通った一つの過程として理解できると思います（このことはあくまでいのちの立場から考えるべきで、個体の利害の尺度をもって臨むべきではない、という点をハッキリさせておかねばなりません）。

高級な知的能力の座である大脳は、生物進化の観点からすると、どのようなものから発達したものでしょうか。それは脊髄の系統に属するものであると考えられます。そのことは、無脊椎動物はどんなに進化しても脳に類する知能の座となるべきものは獲得していないことから推測できます。

では、この系統のものはどんな種類のはたらきをするのでしょう。

この点について、前出のクルーチは面白いことを報告しています。それは彼が山椒魚《さんしょううお》を観察しているときフト気がついたのですが、山椒魚に自我の芽生えの反応が認められた、というのです。

それは、クルーチの奥さんが「サリーはあなたを知っていますよ」と、しばしば彼にうれしげに告げたことをキッカケとして、サリーと蟻その他の昆虫との比較に沿って、貴重な、そして興味しんしんたる推論を展開してゆくのです（サリーとは彼等が九年間テラリューム――両棲類を飼育する陸槽――に飼ってきた山椒魚の名前です）。その推論をかいつまんで言ってみると、こういうことになります――（クルーチ著、太田芳三郎訳、みすず科学ライブラリー『みごとな生命の連鎖』I章・意義の持つ意味――あなたと私――）

「私か家内がテラリュームに近寄ると、サリーはその短い脚を踏んばってやおら身を起こし、ゆっくりとだが馴染みのある人影の方向へと歩いてくる。そろそろ給食の時間かなと、あの小さな心で彼女が感じとるそうしたきずなを通じて、私たちとサリーは結びついていたのである」そして、「サンショウウオは自分をとりかこむ外部の世界についてなにがしかの意識を持ち、それゆえ、われわれの言う意味での自我の本当の芽生えがある。チョウやカブトムシにはそれがないのだ」

このような話から進んで、〝生計を立てる技術〟を中生代（二億二千万年―七千万年前）の終りまでには、すでに完璧に近いほどに獲得して、それ以来、進化が止まってしまった昆虫類と〝生計を立てる技術〟においてはまことに不器用な脊椎動物と比べてみて、大自然が（進化によって）求めるものはダーウィンの言うような生存価値だけではなく、何か別の価値があるのではないか、とクルーチは考えたのです（このあたりは読者を、息をもつけぬ緊張と興奮に引きずり込みます）。

ダーウィンは、進化の原理は生存価値（安全な生存に役立つこと）の追求にあるとしているが、その点から言うと、本能だけで生きている昆虫の方が、発達した知能や意識、殊に感情をもつ人間より高等だと言わなければならない。知能にはある程度生存価値が認められるが、感情に至っては生存に役立つどころか時には生存を犠牲にすることさえある。このような単なる生存価値から見て有利でない能力を脊椎動物が獲得してきたということは、ダーウィン自身が打ちたてたもう一つの法則――いかなる生物有機体も、その生存に必要とされる限界を越えて特定の性質を発展させることはあり得ない――この法則を問題にせざるを得ない。

というわけでクルーチは、「大自然が指向している目標は単なる生存ではない（特に種の数量的繁栄ではない。それが目標ならば、生活技術の下手な人類より昆虫の方が成功しているし、昆虫よりもバクテリヤの方が成功しているので、生命はわざわざ多細胞になったり、もっと進んだ複雑な動物に進化する必要がなかったのではないか）。目標は生存そのものではなくて、究極的には、意識と知能そのものである」という仮説を立てているのです。

そして「大自然は無生物から生物への道を進んできた。彼女は生命のないものよりも生命のあるものを、死滅しているものよりも生きつづけるものを〝好む〟。もしそうだとしたら、さらに一歩を進め、彼女が盲目的な本能よりも意識的な知能を好むという仮説を否定する根拠は何もないはずだ。特定の生物の種属にとって明らかな直接的な生存価値がないとしたとしても、複雑な組織・機能が発達してきたと同じように、そうした複雑な組織・機能が生み出すにいたった生物自体の意識もまた大自然の目指す目標の一つなのだと、考えて悪かろうはずもないのである」と。

このようにしてクルーチは、無脊椎動物と脊椎動物との間に進化という概念の含む内容に差があるのだと主張するのです。一方は生存価値、他方は精神的価値を目指すとし、精神的価値の内容として「生きる喜び」をあげているのです。

前掲の著書の範囲ではクルーチの達している推測はこの程度ですが、生物進化の中で、自我意識や知能とか感情などの、いわゆる高級精神活動を生存価値以外の価値として指摘したところは特筆大書すべきだと思います。

さてこのクルーチの仮説を足場として（と言っても、私は必ずしもクルーチにばかり寄りかかっているわけではないが）、それから先の変化を手繰ってみると、脊椎の延長上のテッペンに膨れ上がった人間の大脳のはたらきの本質を解明することになるような気がするのです。

個体の自我意識は、本能の選択力の他に、別の選択力を生じます。意識的選択能力とでも言うべきでしょうか。それが知能の萌芽だと思います。個体の自我意識の明確さに比例して意識的選択能力、即ち知能は増大するのは当然ですが、人間の特徴はこの自我意識が他の動物に比べて桁違いに発達しているところにあると思います。

自我意識の発達強化は自と他との差別感をますます明確にすると同時に、当然自己中心的な生き方を促進します。

また自我意識の明確度がある線を越えると、そこで、本能的欲望を越えた知能的な欲望を生じます。そして先に欲望論で述べたような様相で、欲望と知能とはますます本能から遠ざかった高次のものになって行きます。この発達した欲望と知能の座が大脳です。

このようにして発達した大脳の選択力（判断力）によって営まれる人間生活が、先に述べたような悲劇的なものになったり、人類の自滅をも招きかねない恐るべき文明が築かれたりしたということは、どういうことでしょう。

(9) 大脳の能力はどのくらいか

ここが一番難解のところです。

私の理解の結論を言えば、それは大脳のなす選択がほとんど正しくない、ということになります。正しくないとはどういう意味かと言うと、人間の進化の方向に沿わない（行動の）選択をする、ということです。

そんなバカな、いゝのちが自由に設計した大脳にそんなバカなミスが！と人は言うかも知れませんが、私は、大脳の保有する選択力というものは、そのもの自体では間違いばかり冒す程度のもので、決してマトモな問題解決力にはならないのだと思います。

それは、大脳的知恵がいゝのちの知恵と、質もその発生する基盤の大きさも、まるで違っていることを知ればうなずかれると思います。

質の点では、大脳的知恵は個体の欲望という自己中心的にはたらく力を内容としているのに反し、いのちの知恵は、切れ目のないいのちというもの全体の進化力を内容としているのだから、全然異なっていると言えます。

次に、それらの発生の基盤の大きさについて考えてみましょう。

なるほど近年大脳生理学の明らかにしたところによると、人間の大脳の蓄える情報量は大変なものだそうで、最新式のコンピューターと比べても、その蓄積能力は何百万倍とも知れぬほどだと言われています。なるほどコンピューターと比べると、その造り主の大脳は比較にならぬほどの大能力を持っていると言えますが――

こんどは大脳とその造り主のいのちの情報蓄積量を比べてみたらどうでしょう。大脳の発達の歴史をいのちの進化の歴史と比べてみたら、その長さは恐らく無限大対一ぐらいと考えられるでしょう。そして大脳の捉え得る情報源の広さも、いのちのそれとの比は同じく無限大対一としなければなりません。そのような短い時間で、狭い範囲から得た情報を資料にして行なう判断が、いのちの無量の体験をバックとする判断に合致することはほとんどあり得ないと言わねばなりません。その食い違いが罪とか迷というもので、その結果が個体の不幸や苦しみとなるのだと思います。ですから発達した大脳を持つ人間には苦しみや不幸がつきまとうのは当然であるし、それが煩悶苦悩となって自らを苦しめることになるのです。

では何故、食い違って苦しみを生じるような頼りない選択をする大脳的知恵を、万能と思えるほどの無量の体験的知恵を包蔵するいのちがわざわざ個体のために獲得したのだろう。この疑問は当然起こるでしょう。

これは全知全能で絶対の愛である神が、どうして罪を犯すようなまずい人間を造ったか、という宗教の最も初歩的で、かつ納得しにくい問題と同性質の疑問です。

この疑問を解くためには、まず進化という現象はいのちの自己表現であり、それはいのちの側に立って理解されるべきもので、個体の側から理解しようとすれば不合理に陥るのは当然であるということは、すでに述べた通りです。その不合理を埋めて深い納得を得るには、自我を完全に投げ出した純一な信仰に至らなければなりません。もし人がそこに至ったとすれば、それは自我の利害の立場を捨てて神の立場で自己の有様を見て、これを肯定したということでしょう。

親の劇しい折檻を愛の鞭として子が合掌してこれを受け取ったとしたら、その子は折檻される子の立場を捨てて完全に親の立場になっているということで、子の立場としては、たとえ親の鞭であっても、それによる苦痛を喜ぶということはあり得ません。子が親の立場にならない限り、親の折檻は親の愛であるとは受け取れない、憎しみか腹いせと感じ、親の愛の絶対性などは到底信ずることはできないはずです。

それは信仰や人の気持ちのことで、差し当り、この人間観の問題とは直接の関係はありませんが、ともかく進化という問題を考えるときは進化するものの主体の立場で考えなければならないので、その過程で獲得された個々の現象の立場で考えては理屈に合わないところが必ず出てきます。

木が成長するために葉を展げますが、秋にそれが枯れて落ちます。これを木の立場で見ればなんでもない当然のことですが、葉の立場でみればまことにつらい運命を担わされているように思われるでしょう。

さて、われわれ個々の人間という立場で考えると、迷とか罪とか煩悩などを生ずるような正しくない判断をする大脳を背負わされて造られたということは、なんと割に合わないことだろうと嘆かざるを得ません。しかしそれは厳然たる事実なのです。

前に言ったように、大脳がどんなに頑張っても、その活用し得る情報量と情報を処理する能力はまことに微々たるもので、物事の本当の意味を捉え、それに応ずる正しい判断を行なう力は持ち得ません。つまり大脳のはからいによって個体を種の進化（これがいのちの自己表現です）の方向に沿うように行動させるということは、ほとんど絶対にできないということです。

この嘆かわしい事実は、いったいどのように理解したらよいのでしょう。うまい理解がなければ、嘆き放しで泣きながら生涯を終るより仕方がありません。

⑽　大脳が正しく役割を果たすとはどういうことか

そこで、この行き詰まりに打開の道があるかどうかをもう一度検討してみようと思います。そのためにまず、①いのちは人間によって何を実現しようとしているのか、ということ、②人間を人間たらしめている大脳はどのような役割を与えられているのか、を検討し、最後に、③大脳が己れの役割を果たしながら、その個体をいのちの目指す進化の方向に従った生き方に乗せることができるかどうか、できるとすればどのようにすればよいか、を考えてみようと思います。

① いのちは人間によって何を実現しようとしているのか、これに対して誰が権威をもって答えることができるでしょう。われわれがどんなにしても己れの大脳の判断力を超えてそれを確かめることはできません。そうとすると、これに対する答は何かの徴候によって推察した想像的臆測の域を出でないと言わねばなりません。こうに違いない、という個人的な確信はもち得るかも知れないが、これは絶対に間違いではない、という確証は誰によっても示されることはできない性質の問題です。

従っていまここに述べようとする私の意見も、その程度の確かさにすぎないのは止むを得ません。反論はいくらでも可能だと思います。

しかし、ともかく私はいのちが自己表現の一部として生物の進化という現象を展開し、人間の段階に至ったのは、自覚ある生物の個体を地上に実現しようという意図の結果ではないか、と推測しているのです。自覚ある個体というのは、個体自身が（ヒトという）種の中で（ということはやがて全宇宙の中でということにもなります）、どのような意味をもった存在であるかを自ら納得している個体ということです。そのことはいのちそのものの自己表現（進化）の意図の中で、このわが身（個体）の求められていることは何であるかを自ら確認している、ということにもなります。

――そういう廻りくどい言い方をやめて、簡単に言うと、「自分とは何か」を明らかに正しく知っている生物を地上に実現しようというのがいのちの意図だ、ということになります。

なぜ私がそのように思っているかというと、一つには、クルーチの言うように、脊椎動物の系統の進化の内容の主要なものは自我意識を基盤とする精神的な活動にあるとするならば、人間はその進化の最先端にあって自我意識の明確さもいよいよ冴え、それに伴って、（欲望と共に発達した）知能の活動が盛んになれば、自然、「自」と「非自」との識別はいよいよ明確になり、それと同時に「自」の内容の検討に進むのが自然のなり行きだと考えられるからです。このことから進化の方向が漠然とながら推測されると思うのです。

次に、「自覚ある生物の実現」という方向を推測させる、人々の体験があるように思うのです。

ヒトの種の中にも、自我意識がまだ充分に洗練されないで「自分とは何か」という疑問を深く起こさない個体《ひと》もたくさんいます。しかし多くの人は生きる上でいろいろ苦悩を経験し、その苦悩の原因を追究したくなります。そして、やがて苦悩をなめる主体である自分とはいったい何者だろう、という疑問を起こします。そのような論理的な順を踏まなくても、ともかく発達した知能のおかげで、人々は過大な欲望を描いて苦しみます。その苦しみの原因を突き止めて、これを根本的に解決しようとします。

そして遂にそれに成功して、いわゆる大安心を得た人が出ることがあります。するとその人はズバリと結論を示し、いわゆる宗教というものが出来るのだと思います。

あの宗教というものは、宗教体験のない者から見ると、まことに奇妙なものに見えます。

ご利益信心を説く半端な擬似宗教は、却って人々の常識に一致するところが多く納得しやすいのですが、いまここで言う宗教とはそういうものを除外した、真実の自己のすがたを明らかにする本当の宗教のみを指しているのです。そういう宗教の信者――というより宗教者たちは、はた目には理解できないところに安住しているように見えます。

坐禅をしたり、念仏したり、題目を唱えたり、お祈りや黙想をしたり、いろいろなことが行なわれますが、それを行なう人たちは、そうすることによって何か生活上有利な能力を得ようなどと思っているのではないでしょう。つまり、そうすることによって丈夫になって大いにはたらこうとか、事業を盛大にするうまい知恵を得ようとか、いわゆる超能力を得ようとか、心の美しい人になって人々から慕われるようになろう、などと思ってやっているのではないようです（そう思ってやっている人もあるでしょうが、そういう人のやっているのは、厳密に言うと宗教とは言いません。それは勉強とか修養という部類です）。本当の宗教者は、そういう利益とは全く無関係に坐禅をしたり、念仏を唱えたり、お祈りをしたりしているようです。

キリスト・釈迦・親鸞・道元はじめいろいろな宗祖方や真実に道を求めた宗教者たちの

言行を見れば、そのことは明らかです。飽きもせず、そんなことを一生やっています。一銭の得にもならない非生産的なことをやって大変落ちつき、そして満足しています。どんな富を得た人よりも幸運に恵まれた人よりも、ボロを着て坐禅に親しんでいる人や孤独の中で念仏三昧に生きている人の方が比較にならないほどの安心に生きている。あの事実はいったい何を意味しているのでしょう。

ご本人たちはどのように意識しているかはわかりませんが、それは自覚を得、あるいは自覚への道を歩んでいることを「その人全体」が承知しているということでしょう。そうしていることに全く違和感がない、ということではないでしょうか。この状態を、もしかしたら涅槃というのではないかと思います。それは個体がいのちの意図に随っている、種の進化のための役割を果たしている、ということではないでしょうか。そこには違和感も苦悩も何もあり得ないわけです。

また別の言い方をすれば、いろいろな宗教的行《ぎょう》によって個体が個体の立場を離れ、いのちの側に立って個体をながめる、という状態を得たために個体への執着から解放されたというわけでしょう。その状態とは、言い換えれば、個体である自我を正しく理解したということ、つまり個体が自覚したということです。

このように考えると、宗教者たちの言う神とか仏性などは、ここに言ういのちと大体同じものではないかと思います。そうでなければ、宗教者のあの奇妙な安定を理解することができないからです。

それはともかく、個体が自我への執着を離れると、無限の満足と安定を得るという事実は、ヒトという種を造り出したいのちがその個体にどのような役割を期待しているかを推測させるに充分な根拠となるではありませんか。

以上二つのことから、いのちは人間によって、自覚ある生物の実現を意図していると推測してよいと私は思っているのです。

⑾　進化の上の大脳の役割

②　次は、人間を人間たらしめている大脳は進化の上でどんな役割を持たされているか、について考えてみます。

明確化された自我意識の座が大脳である、と前に述べたことは、裏返せば、大脳の発達は自我意識の強調を意味します。そして、それはまた、同時に欲望の高次元化をも意味しますが、このことは、大脳は本来、その個体の成長と生存に有利な選択をする役目を負っているということだと思います。種の進化との関わりではなく、個体の安全・発達を直接の任務としていると考えられます。ということは、大脳の活動の基盤は、自己中心であり、その選択は本来エゴイスティックなものになるということになります。

そのような大脳の発達した個体が寄り集まって出来ている人間社会は、他の生物社会より遙かに居心地がわるくなるのは当然です。はやく言えば、人間社会は過大な欲の突張り合いで、人々は常に互いに攻め合い、傷つけ合っていなければなりません。しかも欲望はキリなく過大化するので、人々はますます悩み苦しまなければなりません。

さて、知能の発達した人間が永続的に苦悩を経験すると、その苦悩の因《よ》って来たるところは何であるかを考えざるを得なくなります。それはやがて苦悩の主体は何者であるかということになり、自己追究に至るわけです。――これは私自身の体験であるばかりでなく、多くのいわゆる求道者あるいは宗教者の共通した体験であるように思います。

こう考えて来ると、いのちがその無量の知恵をはたらかせて獲得した人間の大脳は、要するに、個体が苦悩に遭い、それによって個体が自覚を得る、というところを目安に設計されていると考えてよいのではないでしょうか。そうだとすると、人間として生まれるということを単に個体（自我）の立場で考えれば、まことに有難くない怨めしい限りだというこことになります。しかも、もしこの苦悩から脱却する可能性がないとなったら、われわれはどんなにわが身を悲しみもがいても足りません。やけくそになって刹那の快を追って、ますます苦しみの深みに落ち込んで行くのがオチです。しかも現在のところでは、大部分の人間は個体の立場でしか自分の運命を考えていないので、その人たちにとっては、人間として生まれて来たことにシンから喜びを感ずるということがないはずです。天を恨みたくなるのも道理であります。

ただもし苦悩に押されて「自分とは何か」を明らかにし得た人があれば、その人にとっては全く別の感慨があるはずです。

――「人身受け難し、いまこれを受く」。この実感はどこから湧くか、生やさしいことではこれは出て来ません。感傷によって一時そのような気分になることはあっても、何事に遭っても絶対揺ぎなきこの実感は、自己を本当に明らかにした人にのみ許される実感です。しかし世間には、それほど深い自覚がなくっても、大して苦しみもせず、その日その日を適当に暮らしている人もありますが、それは、いわゆる大安心というのとは別で、まだ充分に人間らしい欲望の発達を遂げていない個体だと思います。

ともかく、大脳の発達しない動物達は、自覚を得る可能性がない。大脳の発達した人間のみは、自覚への可能性を持っている。ただしそれは、苦悩を媒介にして開発する可能性である（これを少し誤解すれば、苦行によって自覚に至れるかと思って無駄な修行をすることになります）。そして忘れてはいけないのは、大脳が本来自己中心的にはたらく性格をもっているという事実。これだけのことをここでは述べたかったのです。

しかし、ここで誰でも発する疑問があります。

それは万能と思われるほどの成功の体験の蓄積（知恵）をもったいのちが、地上に自覚をもった生物を出現させようとするのに、何故（個体を苦しめるような廻りくどい道を取らず）直接に自覚的生物を造り得なかったのか、という疑問です。

それに対しては、どんな人でも権威をもって答えることはできません。ただ事実がそうなっている、というより他ありません。また、この疑問自体が大脳の尺度によって形成されたものであるという事実も一応考慮に入れる必要があると思います。

いずれにしても、この「何故」には答えることはできません。ですから、これも臆測にすぎませんが、たぶん、いかにいのちの知恵によってもデタラメに何でも勝手に出来るわけではないということではないかと思います。どんな大きな知恵を以ってしても、やはり何等かの筋道を通らなければものごとは成就しないのではありませんか。

その意味において、いのちの知恵も、われわれ個体的認識においては、有限だと言わねばなりません。

⑿ 苦悩を超える道

③ そこで、いのちは人間によって自覚的生物を実現しようとして大脳を獲得したが、

その大脳の視野は狭く、しかも自己中心的（利己的）にはたらくので、大きないのちの知恵に同調することはむずかしい、その大脳の知恵といのちの知恵のズレが人間の苦悩となる。このようなことを言ってきたのですが――

では、その苦悩を去るにはどうしたらよいか、ということになります。むろん大脳のはたらきをいのちの目指す方向に（合目的的に）沿うようにすればよいわけですが、どうしたらそうなるでしょうか。そこで問題です。

われわれ人間は、感覚や知覚によって得た資料（情報）をもとにして利害得失を判断して日常生活をしています。その判断は大脳がしているのでしょうが、われわれはその判断にかなりな信頼を置いています。そのことは要するに、大脳が大脳を信頼しているということに他なりません。

これは大脳が発達して来る何十万年か何百万年かの間に、日常生活の中で経験してきたところからだんだん自信を深めてきたのだと思います。ですから、この自信にも根拠がないわけではありません。しかしそれは、日常生活の中での比較的因果関係のわかりやすい事柄についてであって、もっと大きな範囲の複雑な事情に処して正しく判断できるという保証はありません。

例えば、八百屋の店で、大根買うか人参買うかという選択を迫られたとき、ライスカレーを作ろうという心づもりと照らし合わせるといったことなら、まず心配はありません。ところが息子を一流学校へ入れて出世コースに乗せるために、子どもの頃から勉強専一にさせようか、それともそのために冒さなければならない精神的奇型への危険を避けて二流、三流と言われる学校へ入れておこうか、という程度の問題になると、ほとんどの親は自信ある判断ができません。

まして、生物進化の中で自分はどのように行動するのが、その方向に随順することになるのか――つまり究極的な意味で、自分の最上の生き方を具体的に決定することができるかどうか、という問題になると、上来、述べてきたことによっても明らかなように、それはほとんど不可能だと言わねばなりません。

それにもかかわらず、われわれの大脳は、自分の判断力に根強い自信を持っているのが普通です。この判断力への信頼感を失い、手放したならば、生きて行けないような不安を感ずるからです。

しかし、この自信がある限り根本的解決はあり得ないわけです。大河の流れの中に沈んだラムネビンの中の水の動きをどう変えてみても、その小水は大河の流れに沿って流れることはできません。水をビンに捉えている限り、水は流れを助ける役割を果たすことができません。

われわれの大脳も自信をもって個体の行動を制御している限り、それをいのちの進化の流れに同調させることはできないのです。

ではどうすればよいのでしょう。大脳を無くしてしまえばよいでしょうか。それでは人間ではなくなってしまいます。

ここに唯一つの道があります。大脳が自らこの問題を解決する能力をもっていないということをハッキリと自ら知ることです。

と言うと大変簡単なようですが、それがなかなかできないように人間の大脳は出来ています。

――もし大脳が、知能的に充分発達していない、つまり欲望の発達が不充分であるために、あまり苦しまず、アッサリ自分の問題解決力を浅く否定してしまうことができたら、それによって得られる自覚の深さと明確さはいのちの本来求むるところにまでは至らないでしょう。それでも安心は安心に違いないが、何かカスの残る小安心で本当の大安心ではありません。

このような人のためには、浄土教ではまことにうまい座席が設けられています。ある程度自己否定ができると、ともかく一応救われたような気がして安心を得るが、それは本当の大安心ではない。しかし、その程度の座席でなお一生懸命修行をつづけていると、正覚と言って、本当の自覚を完成するものだということになっています。キリスト教ではそういう席が設けられているという話は聞きませんが、禅宗ではそういう半端なところに腰をおろすことは許されないことになっているようです。

われわれの大脳は生まれたときから自己の尺度で利害得失を計って、それによってともかく個体を守り成長させて来たわけです。少なくともそう思っています。その実績から得た己れの選択力への信頼感は、なかなか否定し切れないのが当然であります。この信頼感がどのくらい根強いものかは、恐らく（自力、他力にかかわらず）本当のいわゆる宗教体験を経たことのある人ならば、痛いほど味わっていることだと思います。

人がもし本気で、自分の「本来あるべきすがた、あるいは生き方」を求めはじめたならば、たとえどんなに先輩から「自分のハカライやヤリクリを捨てろ」と言われても捨てられないものです。このハカライやヤリクリを捨てよ、ということは要するに、自分の大脳のはたらきへの信用を捨ててしまえ、と言うことでしょう。ところが、それがなかなかできないのです。「体の力を抜いてごらん」と言われてもなかなか抜けないのと同じです。抜こうとすればするほど、どこかに力が入ってしまいます。

ある治療師のところへ行くと「体の力を抜け」としつこく言われます。力を抜かなければ治療ができないと言うのです。そこで大抵の患者は「どうしたら抜けますか」とききます。すると治療師の先生曰く「力を入れなければよい！」。これで患者は一言もありません。まことにその通りなのです。理屈はそうに違いないのだが、それがわかっても患者の体の力は抜けません。まことにじれったいことです。

それと同じように、われわれは自分の工夫やヤリクリで、なんとか自分の正しい生き方を探り当てようという努力を放棄することはできないものです。それではダメだと理解しても、事実は熄《や》まらないのが現実です。もし人間と称するに価するほどにその人の大脳が健全に発達を遂げているならば、一旦、自己を求める、とか精神的絶対の安定を求める、という方向に出発したならば、その探索は途中であきらめることはどうしてもできないものであります。

そのような内部からの催しの体験も、人間進化の方向を示唆する重要な事実の一つとして挙げてよいと思います。

一度宗教なり宗教的なものへ関心が結びつくと、多くの人は途中で「こんなに苦しまなければならないのだったら、こんなことを知らなければよかった」と嘆きます。それでもやはりそれを捨てて、以前何も知らなかった時のような日常的苦しみだけで、精神的な深刻な苦しみのない気楽な生活に帰ることはできないのが普通です。どうしてもトコトンまで行かなければ落ちつきません。

自己を知るとか、真実を求めるというコースに入ってしまうと、中途退学ということで、ホッとすることはできない。そういう制度はないらしい。どうしても卒業してしまわない限り満足できないもののようです。しかも、その卒業間際、つまり、往生際のわるさは我ながら愛想がつきるほどです。どうしても自分の大脳への信頼感を捨てられない。本当に捨てたら、どこかへ落ちてしまうような気がして、大脳につかまっていなければいられないという気がします。

しかも、そのように判断しているのが大脳自身なのだから始末がわるいのです。

このようなところを経験しながら、それでもあきらめ切れないで（ここが意義のあるところです）いると、工夫やヤリクリの限界がきます。この限界がトコトンであって、そこに至ればもはや、何の手順もなく、そのまま大脳自身の自己否定が実現するわけであります。

それからどうなるのかということは、もう少し先で述べますが、こういうわけで、この道は結局、行き着くところへ行き着く仕かけになってはいますが、ただ、人によって、道中を歩むのに夢中で進むのと、ブラブラとよそ見しながら行くのとの違いはあります。そして、百万人か千万人のうち一人を除いては、トコトンの終点に達しないうちに寿命が切れてしまいます。——

これは止むを得ないことではあるが、もったいない限りなのです。何故それほどもったいないのかは後にわかっていただけると思いますが、要するに、せっかく人間として地上に生きたのに、その甲斐が（全然ではないが）あまりなかった、ということです。ちょうどわれわれ男性の発射する精子は一回三億とか言われていますが、そのうち実効のあるのは0か、時に一個にすぎないのと似たような事がらです。その他のほとんど全部は皆無駄です（もっと大きな枠の中では全然無駄だというわけではありませんが、われわれの常識的打算からすれば、みんなムダだということになります）。

自然の仕組みだから無駄でもいいではないか、という鷹揚な考えもありますが、それは事物を抽象化して客観的に頭でそう理解しているだけで、本当の実感ではそうは感じないはずだと思います。宝くじがはずれてもはずれる方が多いのだからいいではないか、と初めから思うのかも知れないが、やはり内心では、どちらかと言えば一等当せんを願っているでしょう。こんな例は切実さが足りないけれど――

先ほどの精子の例で考えてみればもっとハッキリするでしょう。何億分の一の確率であっても、やはりどの精子にとっても卵子に遭遇して人間となることは願わしいことであるに違いないという気がします。気がするばかりでなく、私という人間の個体を成したのは、私の母の卵巣内に生じた何百か何千かの卵子の中の一個と、父の発射した恐らく数千億か兆にも達する精子の中の一個の結合が因《もと》になっています。即ち、私という人間は、その幸運な精子と卵子の発展したもので、父のその一個の精子は、私にとっては決して余人（余物）ではなく、私自身なのです。

そう考えてみると、私はその精子の身として感ずることができますが、その感覚では「よかった！」というのが実感です。無駄にならないでよかった、と感じます。それから以後の生活が、たとえ楽しいものであっても苦しいものであっても、それにかかわらず、自分という精子（卵子共々だけれども）が無駄にならず、生殖という役目を果たし得たということは、まことによかった、と思います。自分というものが父と母との無数の精子と卵子の中の一つずつの成功者であるということを考えたならば、「ともかく」この精・卵子である自分としては「よかった」と誰でも思うのではないでしょうか。――それは精・卵子が各々その至難な役割を果したという悦びだと思います。

さて、「自分とは何か」「どのように生きるのが人間として生まれてきた自分の役割を果たすゆえんだろう」ということを思いはじめた人の大部分が、その問題の真の重大な意味を知らぬために適当にブラブラと歩いているうちに寿命が尽きてしまって、遂にトコトンにまで至らないということは、その人個人にとってももちろんですが、人類にとっても生物全体にとっても――本当は全宇宙の全存在にとって（これは大袈裟ではない。文字通りに受け取られるべきなのです）全くもったいないことなのです。

⒀ 自分という個体の役割

何故かと言うと、前述のように、いのちは自己表現の一部としてヒトという種を獲得しました。これは完成ではなく、生物進化の一つの尖端と考えてよいと思います。

つまり、ヒトという種属はなお進化しなければなりません（クルーチはじめ多くの学者は、ヒトは脊椎動物進化の終点で、これからは滅びて行くのだと考えているようですが）。ところが、進化を実現するのは、ヒトという無形の種属自体がするのではなく、それに属する個体によってでなければなされないのです。

ここに個体の背負う全体の中での役割があるわけであります（しかもこの個体は、全体の部分であると同時に、いのちの世界においては、その存在の意味は全体に匹敵する重要さをもっているのです。このことについては後に「いのちの世界は意味の世界」という題のところで詳しく述べます）。

そこでもし、ヒトが前述のように自覚的生物の実現を目指していのちの造り出したものだとしたらば、それに属する個体の役割は自覚体を実現し、そしてその自覚体としての創造生活を営むことだということになります。ですから、もし個体が自覚体となり、その役割を果たしたならば、人類進化に一歩を加えたことになります。そうしたらば、そのことを自ら意識しなくとも、その個体は無条件的安定を獲得するに違いありません。恐らく坐禅や念仏や祈りなどに徹して大安心に至るということは、生物進化という観点からすれば、このようなことではないかと想像されます。

余談になりますが、宗教というものはこのことばかりではなく、人類進化に役立つように、実に驚くべき深遠で、かつ巧妙な手段が施されているものだとつくづく感心させられます。私のこういう人間観によってみると、キリスト教でも仏教でも、古い時代からなんというういまい説き方をしているのだろうと、今さらながら先賢の知恵の豊かさと自己を見る眼の鋭さと確かさに只唯畏れ入るばかりです。

しかし、そのうま味を本当に知らずに勝手な屁理屈を捏ねて、これが宗教だとして善男善女をまどわしているまじめな宗教家と称する人もたくさんいるのも事実です。うま味をうま味と知らないでは人を大安心に導くことはできません。このあたりのことは大変面白い話の種ではありますが、それに深入りすることは本文の趣旨を淡めることになるので、割愛して話を進めます。

ともかく人は苦しまぎれにいろいろもがいているうちに、もうもがく気力も尽き果ててしまいます。それと同時に、これを放したらどこへ落ちてしまうか知れないと思って、最後までつかまえていた自分（大脳自身）を手放してしまいます。ということは、大脳自身の能力の限界を大脳自身が見究めた――あるいは見切りをつけた、ということでしょう。

ここで、言いようもないことが起こります。全く言いようもないことです。

どこへ落ちてしまうかと思っていた自分は、どこへも落ちず、もっと驚くことには、今まで苦しんでいた面倒なことは何もなくなっているということです。面倒なヤリクリは何もしないでも生きている安らかな自分を発見します。これは何の努力もなしにひとりでに発見してしまうのですから、まことに愉快な事実です。

私は二十七歳のときこのような経験をして、それ以来、ちょうど四十年かかって、それを中学卒業ぐらいの人にもわかるように説明する方法を探ってきたのです。その宿題の答案がこの本だ、というわけです。これが縁になって私の言おうとすることを本当にわかってくれる人が一人できたら、私の生まれ甲斐はトントンになるし、一・五人できたら〇・五人だけの儲けになると勘定しています。

では、そうなったとき大脳はどうなるのだろう、無用になって捨ててしまっていいのだろうか。

とんでもないことです。それからが大脳の積極的活動期に入るのです。それまでは消極的役割を演じていたのです。いのちの側から言えば、どちらも進化への過程として同価値ですが、個体の側から言えば、前は自ら苦しみに追い込むはたらき、後は悦びを拡大するはたらきを演ずることになります。

それをもう少し詳しく説明すると、大脳は極めて限られた身の廻りの事象について利害の判断・選択をする能力はあるけれども、大きないのちの流れの方向を正しく捉える能力はない。大脳の感応し得る極めて僅かな情報によって、無限大と思えるほどの情報と体験を蓄積するいのちの選択に合致する方向を捜《さぐ》り当てることは、不可能に近い至難のわざであります。これは繰返し述べてきたところです。

ところが一方、いのちの蓄積する情報と体験は実はそれらの意味なので、具体的事象そのものではありません。ということは、たとえ大脳が自分の権威を手放して選択の方向を捨てて内部からのいのちの圧力が加わったとしても、それは具体的な事象の選択そのものの指示ではありません。それは方向の指示に止まります。

ごはんを食べるか汁を飲むかという岐れ路に立って、いのちが「メシ」とか「シル」と指図をするのではなく「喉の滑りをよくせよ」という具合の指図があります。すると大脳は、滑りをよくするには汁の方を取ればよい、と判断して汁を選びます。ところが、大脳が自分の判断で方向まで選ぼうとすると、メシを先に食う方が利益であるという屁理屈をつけてメシを頬張って喉に詰まらせて、あわてて汁を飲もうとしてお椀を引っくり返す、というような失敗を演じます。

メシと汁ぐらいなら大問題ではありませんが、もっと複雑な重大な選択を迫られることがあります。と言うより、要するに生きるということは選択しているということです。朝から晩までわれわれが生きて何かをしているということは、ことごとく選択の連続だということです。この選択の方向を決める基準が、あらぬ方に（人間進化の方向に沿わない方向に）向いていたらどうなりますか。地獄に行くにきまっています。

大脳にはこの基準となるべき正しい方向を判定する能力がない。だから、その方向の指示はいのちに委せて具体的事象の処理は大脳が果たす、ということになれば、理想的であるわけです。

この理想的な人間を目指して宗教はいろいろな行《ぎょう》を設定しているのでしょう。だからあの行は決して大脳のはたらきを高めるための訓練をしているのではなく、却ってその権威を否定し、そのはたらきを鎮静しているのに違いありません。そしてそれが人間の向かうべき正道であることは、今まで述べてきたところで明らかだと思います。

⒁　知能の発達・文明文化は人間進化にとって有益だろうか

しかし、もしそうだとすると、人間社会で最も重要視されている知能の育成助長、つまり、世界中で競争で行なわれている知育と、ひいては文明も文化も、生物としての人間の進化という観点からすると、意味ないもの、むしろ邪魔ものなのではないか、という疑いが起こってきます。

私はその疑いの八〇％か、九〇％は認めざるを得ません。大脳を訓練し、頭でっかちな人間を作っても、それが自覚的個体を生ずるのに有利であるかどうか。恐らくその個体は大脳の自己権威感に禍《わざわい》されて、己れの本体であるいのちと、個体である自我との関わり合いを正しく知ることなく終るのではないかと思います。しかも、現実に世をあげて知能の開発に躍起になっているのは、他の生物を征服するばかりでなく、人間同士の間での利己的な競争に勝つことを目的にしているのです。

それは、生物間、人間間の分裂方向への努力であって、いのちの全体的調和的性質に反すると言うことになれば、したがって知能の訓練は、むしろ自覚の反対の方向（罪悪的方向）への努力だと言わねばなりません。

ただ、もし合理的思考を訓練された大脳が、個体と大脳自身の存在の意味を正しく理解し、その意味を充足するために大脳自らの役割の遂行を工夫するならば、訓練されない素朴な大脳よりも内容豊かな創造的生活を展開するだろうと思います。

文明や文化も、人間の進化（自覚）にとって八〇％か九〇％までは無効、というより邪魔になると思います。ただ、それらの中にも人間の自覚に役立つものがないわけではありません。殊に、精神文化の中には正しい宗教や芸術のような、自覚を促すはたらきをするものが多いことは誰にもわかると思います。

しかし、総括して言えば――

知育の隆盛も文明・文化の開化も、そのこと自体が人間の進化や進歩を意味するのではないことはもちろん、人間進化に貢献するのでもない。それはむしろ人間を一度自覚の逆の方向へ持って行って、行き詰まったところで、人間とは何かという疑問に引き入れようといういのちの深慮遠謀にマンマと引っかかった相（すがた）だと思います。なんでも得をしようと思って大脳を発達させ文明文化を生んで、それによって人間自身がますます苦しむ、というのが人間の歴史的事実であります。愚かなことだと自嘲しながら、どうしてもそうしないでいられないとは、正に宿命と言わねばなりません。

このような宿命を負うた人間が、いのちの要請に応えて地上に生存する全員、遂に自覚的生物として完成する日があるでしょうか。

それには五十六億七千万年（ミロク下生《げしょう》）かかるという説もあります。その数字の真否はわかりませんが、今日のような愚かな生き方のために苦しまなければならない人間（ホモ・サピエンス）を脱皮して、新たな生物（ネオ・ホモ・サピエンス）に進化するであろう、ということは、インドの昔から見通されていたようです。まことに驚くべき洞察力ではありませんか。

こう見てくると、同じ人類の一員であっても、二、三千年も昔からすでに人類進化の方向をハッキリと掴んでいた自覚者があったり、これほど人類の運命が危《あやぶ》まれる時代になっても、まだ「自分とは何か」「人間とは何か」などを考えようともせず、地獄への隧道《すいどう》を掘っている者もいっぱいいるということがわかって、只唯驚くばかりです。

どうか自分は生きている間に自分とは何ものかを知的にだけでも知り、一日一日の平凡な生活の重大な意味を噛みしめられるようになりたいものですね。

補充

この人間観の成立を支える重要なことで、本文中に書き込むことのできなかったことを、いくつか付け加えておきます。

一、意味の世界

本文中にいのちということばを多く使いました。そしていのちとは何を言うのかということも一応述べました。しかし「いのちの世界は意味の世界だ」という最も大切なことを述べる場所が見つからなかったので、ここに付け加えておきます。

「いのちの世界は意味の世界だ」ということの表現が適切であるかどうか疑問ですが、私の語彙は貧弱で、これ以上うまいことばが今のところ見つかりませんから、とりあえず自分の納得するこの表現を採用しておいて、若干の解説を加えてみます。

〈意味〉

ここに言う意味とは、どんな意味かを説明しなければなりません。

私は今、人里遠く離れた山中にある合宿所の一室で、炬燵に膝を突込んでこの原稿を書いています。炬燵には花模様の布団と赤と黒のチェックの毛布みたいな物が掛かっています。そしてその上に大きな板がのっていて、さらにその板の上には原稿用紙はじめいろいろな物がのっています。そのいろいろな物の中にみかんが二つあります。

このみかんが、唯ここにポツンとあるというだけだったら、何の意味もありません。しかし、私があとで食べようと思って此処に置いてあるのですから、私とみかんとの間にはそういう関わりがあるわけです。その関わり合いの中に意味が生ずるということなのですが――

よく観察すると、みかんがここにあるということは、宇宙の中にみかんが孤立しているわけではなく、それは炬燵板に支えられ、炬燵板は毛布や布団を押さえつけ、毛布や布団は炬燵の枠に持ち上げられています。ですから、みかんは間接的には炬燵の枠に支えられてここにあるわけです。また炬燵の枠は畳の上にあり、畳は床板の上にあり、その下はどうなっているのか知りませんが、土台があったり、コンクリートがあったりして大地に接しているのでしょう。みんなそれぞれに直接間接に何らかの関わりをもっています。そして私自身もそれらのものすべてとの間に関わりをもっています。すぐわきの畳の上に置いてある屑入れには、いずれ私に食べられるであろうみかんの皮が私によって投げ入れられるでしょう。また、ここにあるみかんは、ぐるりのすべての物との間に引力の関係があり、それがうまくバランスがとれているので、ここに静止しています。天井の引力が強過ぎると、みかんは宙に浮かんで行って天井にくっついてしまうでしょう。茶碗とみかんとの間にも、原稿用紙とそれらとの間にも同様の関係があります。

こんな粗雑な観察でなく、もっと緻密に検《しら》べてみれば、このような関わり合いの範囲はぐんぐん拡がって行って、忽ちわれわれの眼にも想像力にも届かぬところへ融け込んで行き、霞んでしまいます。この拡がりをどこまでも追って行く暇はありませんが、みかんを中心として関わりが遂に空間・時間の中の一切の事象との間に拡がって、三千大千世界中(全時間と全空間を引っくるめた全宇宙)にそれが充満してしまうということは間違いありません。

その関わり合いの中にこそ、個々の事物の存在の意味があるというのです。

このように、関わり合いと意味とはいつでも同時に存在するので、わかりやすく相関関係とか関連性とか言ってしまってもよいのでしょうが、それでは話が生きて来ないような気もするし、やはり幾分内容も違って感じられるので（関係とか関連性と言えば、二者を対等の地位に置いている客観性を感じるが、意味と言えば、個々の事象を主体的に捉えている感じがするのです）、やはり意味と言っておきます。

ことによると、私の言う意味とは、他者の存在に対するはたらきと言い換えてもよいかも知れません。本文中の遺伝の話のときには、このことをいのちの力と言いました。進化という変化の中では力と理解しますが、存在という静的な捉え方の中では意味となります。

さて、このみかんの存在の意味の完全な内容はどんなものだと考えられるでしょうか。私は無限の時間・空間に充満する一切の意味を内包していると思うのです。われわれが意識的に捉え得るのはその内の一つか数個にすぎないが、事実は無限の意味を孕《はら》んでいると思います。もしそうだとすると、一切の事象は各々他の一切の存在の意味を包含している、という一見極めて奇妙なことになってしまいます。しかしいくら奇妙でも、事実はそうに違いありません。

このような事実を要約したのが、次の作り話です。

「二匹の蛇が互いに尻尾の方から呑みはじめた。結果如何」

この作り話が納得できて、そして先の奇妙な事実を納得すると、無限大の時空の中の瞬時とも言えぬほどの僅かな時間を生きる極微の生物である自分が、いのちの世界においては全存在に匹敵する重要性をもっていることを実感することになり、どのように生きるのがよいかも自然に明らかになります。これは決して法螺《ほら》でも夢物語でもありません。事実談です。

〈いのちの世界には大小なし〉

意味には姿・形はないし、大きさはありません。だから意味が充満し、意味によって造られているいのちの世界には大きさがないのです。つまり、いのちの世界は大きくも小さくもないと言うことです。意味がギューギューに詰まっていてもいのちの世界は全然大きくはありません。

しかしいのちが、中に詰まっているその意味を時間・空間の枠に展開するときには物象として表現することになります。その表現された物象の世界では大小があり、宇宙は大きく、歴史は長く、自分はその中の極微の存在となります。まことに不思議な仕掛けになっています。

われわれの大脳は、この大小のある世界に活動するように作られているので、大きさのない意味の活動するいのちの世界の有様をそのままに捉えることはできません。

「そうすると……?」とあなたは思うかも知れません。「あなたが先ほどから述べているいのちの世界の有様は、大脳が捉えて大脳の理解したところなのではありませんか。するといまのお話と矛盾するではありませんか」と。

いや、実はいのちの世界の有様を感じ取っているのは大脳ではないのです。私のどこかで感じ取っているものを大脳が大脳的にそれを受け取って、大脳式な形式で発表しているのです。大脳はいのちの世界の実物を見ることができないので、それを単色の平面写真として眺め、その写真の様子を報告しているのが私の大脳なのであります。

それでは私のどこがいのちの世界の有様を感じ取っているのでしょうか。それは私にもわからないのです。肉体のどこかの部分ではなくて、私をあらしめているいのちの直接の刺激を大脳が受取っているのかも知れません。

その問題は未解決として、ともかく意味は物質ではないから大きさがない、ということがわかると、遺伝とか体験の蓄積など不思議な事実の理解がしやすくなります。

本文にも書きましたが、人間の子に人間が生まれる、という驚嘆すべき事実は、全長1／16ミリの、頭と胴と尻尾から出来ている微少な一個の精子と直径1ミリの卵子一個の中に、人間となるべきあらゆる要素の意味が封じ込められていることを承認しなければ理解することができないでしょう。人間となるべき要素、それは進化の途中で獲得した成功的体験の体系的蓄積だと言ってもよいと思いますが、その要素をもし何かの尺度で計って個数としたならば、億や兆では到底算え切れないほどのものになるでしょう。今日、遺伝についての研究は目覚しい進歩を遂げて、いろいろなことがわかってきたようですが、人間の子に人間が生まれるという世間普通の出来事も、その仕組みの完全な解明には、まだまだ程遠いと言わねばならないでしょう。

ともかく無数というか無量というか、莫大な意味が微少な物質に封じ込められるという事実はいろいろな不思議を解く鍵になるような気がします。

このことは逆に、いのちが現象界に自己表現をしようとすれば、必ず物質に依らなければならない、ということを表わしています。

仏教ではよく空ということが言われます。そしてその空というのは、何もないのではなく、しかし有るのでもない、仕様がないから妙有《みょうう》とか真如などと言うのだ、などとよく言われますが、もしかしたら、空とは「いのちの世界は意味の世界だ」の「いのちの世界」に近いのではないかと想像しています。

二、ココロとは何だろう

ココロという日本語は、いろいろな漢字のふり仮名として使われます。心が一番一般的ですが、情も意もココロと読まされることがあります。それから精神とココロとは区別し難いほど類似の使い方をされますし、「○○とかけて何ととく、△△ととく、そのココロは、××」といった使い方もあります。

それから漢字の心という字はむろんココロとわれわれは読んで、わかったような気がしていますが、仏教のお経などに出て来る場合には、この字は必ずしも一定した意味に使われてはいないような気がします。ところにより少なくとも三種類の異なった意味に使われていると思いますが、もしそうだとすると、ココロとは何かという問に答えることは、ますますむずかしくなってきます。

しかし、そういうことばの詮索はわれわれの仕事ではないので、ここで打ち切って、直ちにいま言おうとする事の要点に入ります。

それは、ココロというかたまりみたいなものが肉体に即してあるのではなく、欲望の状況によって、そのつど発生する欲望間のバランス状況のことではないかということです。これは私の勝手な推測ですから学問的には見当違いかも知れませんが、自他のいわゆる精神訓練に、この見方は極めて有効であると長年の経験から確信しています。

古来、心のあり方についての教訓は無数にあります。心を大きく持て、優しい心が大切だ。美しい心は宝だ。感謝の心がなければならない。その他喜怒哀楽に関する訓戒、努力忍耐の奨励、算えあげたらキリがありません。われわれは幼い時からこのように心の持ちよう（あり方）を教えられました。そして教えられた通りにはなかなかできなかったことをすべての人は体験していると思います。

しかし、その教訓のうちの一つ、例えば心を大きくもつことの必要を痛感して、その実現を心がけたとすると、だんだんに、または突如として成功を収めることがあります。その成功の原因をよくふり返ってみれば、自分の欲望の重点に変化が起こったのだということがわかります。

たとえば愛する人に裏切られて死んでしまいたいように悲しみ、自分を哀れんで身も世もないありさまになっているとき、身近かな人から「気（心）を大きくもちなさい。また花咲く春も訪れるだろう」などと慰められるかも知れません。しかし、そのくらいでは容易に立ち直ることができないのが普通です。ところがいくら頑固な人でも、いつかは気を取り直して平静に戻るでしょう。それは、愛する者から愛されたいという欲望への執着が薄れるのと同時に、たとえば多数の不幸な人々に奉仕をしたいという願いが強くなった結果かも知れません。それはその人の欲望の配合状況が変わったということです。

心が喜ぶと言いますが、より正確に言えば、喜びの心が生ずる、ということでしょう。どんなときに喜びの心が生ずるかというと、欲望のバランスがよくとれているときです。この状態をなるべく長続きさせたい、という心でしょう。怒や哀（悲）は不調のとき、感謝は予期以上の満足を与えられたときに起こる心でしょう。たとえば神仏への絶大な感謝は、自分の力では絶対に得られない、つまり予期することの許されない自分に、わが欲望をはるかに超えた大きな恵み——大安心が与えられた、という欲望に関連する体験から生ずるのだと思います。

努力とか忍耐は、ある欲望が他の欲望に勝とうとして、まだ決定的に勝ちぬくことのできない欲望間の拮抗状態だ、と解釈することができるでしょう。例えば試験勉強を何かの欲望（単純ではないでしょう）に動かされてする場合、それに対抗する欲望が強くはたらけば努力になるが、そういう対抗者がないときは、どんなに一生懸命がんばっているように見えても、本人は別段努力しているとは感じません。そんな経験は誰でももっているでしょう。

こう考えると、情も意も、その向上発達をはかるのには、欲望のあり方に目をつけるのが効果的であることが了解されると思います。

ココロと欲望について言いたいことは大体以上ですが、ついでにもう少し付け加えておきます。よく「祖国に身も心も捧げる」とか、近頃では「愛する人に身も心も捧げる」などと言われますが、先に言ったように、心には実体がないとすれば、心を捧げることはできないわけです。ですからそれは、自分の欲望のあり方を相手の求むる方向に調整します、ということだと解釈することができます。

ところで、先に述べた、「心を大きくもつことの必要を痛感して、そうなるように心がける」とか、すぐ前に述べた「欲望のあり方を調整する」とはどういうことなのだろう、という疑問も当然起こります。つまり、欲望を支配する何か別のものがあるのではないか、それが即ちココロというものなのではないか、という疑問です。しかし、私は〝痛感して心がけ〟たり〝調整〟したりするのは、それまでの欲望を超えたより高いレベルの欲望に重点が移ったということだと解釈することができると思います。

では何故そのような重点の移動が行なわれるかと言えば、それはいのちの圧力によるのだと思います。いのちの圧力ということは本論の、「進化の中における大脳の役割」を述べるところを読んでくだされば理解していただけると思います。言おうとするところは要するに、ココロがまずあって、それにふさわしい欲望が生ずるのではなく、欲望のあり方がココロと名づけられるのだということ。そして欲望の状況は、何によって決定されるかと言えば、大脳といのちの知恵の合作であるということです。

もう一つ心について付け加えておきます。私の塾の山の合宿所は「一心寮」という名がついておりますが、この一心というのは、右に述べてきた欲望のあり方によって発生する欲望調整力とは全く異なるものを指しているのです。この心は、私の言ういのちにほとんど等しいもので、個体の欲望発生以前のいのちの自己表現力といったようなものを言うのです。

最後に、身心一如とか不二とか言われることがありますが、その心は心理学の対象になる心で欲望の調整作用のことだと思います。つまり欲望のあり方と肉体の状態とは全く一つのことの裏表のようなものだ、ということだと思っています。

以上、心という字は、このような意味にも使われることがある、ということを念のために言っておきます。

三、精神貴族と精神庶民

近年、左翼思想の普及に伴った左翼的階級観が一般化しました。そのために近頃若者の中では、昔とちがって、貴族は悪者で庶民は善良を意味するように思われ勝ちになってきました。しかしここで言う精神貴族とは、それとは違って文字通り高級な貴い人々ということで、精神庶民とはその反対の人々のことを指すのです。

私は、宗教に入るのは、よほど恵まれた精神的素質を持っている人に違いないと思うのです（ここに言う宗教とは、前にも言ったように本当の宗教のことで、いわゆる御利益信心をすすめる修養ないし処世術の類の教えのことではありません。またむろん何々教とか何々宗というレッテルの区別を問題にしているのではないことは言うまでもないことです）。

何故そう思うかと言うと、キリスト教でも仏教でも、およそ神や仏による救済を説く宗教というものは、全く突拍子もないオハナシから入って行きます。なるほどそのオハナシは巧妙に作られていますが、それにしてもあのオハナシから真実在の世界や自分という個体の意味などを正しく感得して（理解して、ということではありません）、大安心を得るというのには並々ならぬ勘《カン》の良さがなければならないと思うのです。そこに信という超合理の心理が働くのでしょうが、その信を体験し得るには立派な先達にめぐり合うというような外的条件もさることながら、なんと言ってもその人の精神的素質が問題であるように思います。

これは具体的に立証することはできませんが、古来の勝れた宗教者や現在の篤信者の入信の様子をうかがってみると、そう思わないでいられないのです。

それで私は宗教を信じて大安心を得られる人は精神的貴族のような気がするのです。大いに貴ばれるべき人々だと思うのです。羨まれるべき人々です。

それに反し、どうしても宗教に全身を委せられない種類の人がたくさんいます。私もその一人ですが、この方が実は大多数だと思います。救いを求めて宗教に接触してみるが、どうしてもその中に入り込むことができない。気分的にはいろいろの変化を経験するが、いわゆる大安心には至らない。大安心のまわりをぐるぐるとさまよいながら、遂に「こんなものだ」と自らきめて一生過ごしてしまう人が想像以上に多いのではないでしょうか。――こういう、宗教の救いにかかりにくい人、神さまや仏さまの家の中に入れないで、そのまわりをうろつき、時々、家の中の音に聞き耳を立てて自分も仲間入りしているような錯覚に陥っている人、これが私の言う精神的庶民です。

そういう庶民でも、人間として地上に生まれたのならば人間の確かな自覚を得、その意味をどれだけかでも果たしたいと思うのが人情でしょう。

真理は貴族だけのものではありません。庶民がその恩恵から遠ざけられ見放されなければならない道理はないと思います。貴族は香り高い優雅な説話によって真理に導かれますが、しかしそれには庶民の耳も目も届かない。庶民には野暮でも泥臭くても真理に至る別の道がなければなりません。それが宗教という崇高なものでなくても、「自分とは何か」「この世界での自分の役割は何か」を納得して、あせらず、怠けず、「今」をまごころを以って満たすことができれば、それでよいのではありませんか。庶民はそれ以上を望まない。華々しいご馳走と音楽のある宴会を望まない。飢えを防ぐ日々の糧さえあれば、庶民は深い悦びと感謝のうちにこの世の生を畢《おわ》ることができるのだと思います。

この荒削りの人間観は、庶民の心の糧となるにはふさわしいものであるかも知れません。

それを願って四十年の歳月をかけて描き出したものであります。

第二部　いのちのスペクトル

一、凡夫極楽

A　愛とはなんですか。愛するとはどうすることですか。

X　知りません。

A　でも、あなたのご本の中に「この世の実質は愛であり、愛することのみが真実である」と書いてありますが。

X　あれは悪魔の口真似です。悪魔の言葉ですよ。

A　ではあなた自身の言葉ではないのですか。

X　いや、私自身の言葉です。しかし説明はできないのです。

A・B・C　?……

A　するとあなたは悪魔……?

X　そうです。君達にとっては私も小さな悪魔の一匹でしょうね。悪魔は秘密を持っている。秘密は説くことが許されない。

B　悪魔が愛を説くでしょうか。

X　悪魔こそ愛を説きます。愛を讃美します。そればかりではない。殺すなかれ、盗むなかれ、姦淫するなかれ、偽りを言うな、傲慢であってはいけない、など細々と教えます。そして神や仏の救いについてまで用意周到に説くのです。

……それはそうと、君達は愛することができますか。正直であることができますか。

C　僕は偽りを言わないことはできないけれど愛することはできます。できるのではない、愛さずにいられません。親を愛し、同胞を愛し、それからあの、あれ……恋人を愛します。それらを僕は愛さずにいられないのです。

X　そして、裏切られたとき、親を憎み、同胞を憎み、友達を憎み、恋人を恨まないでいられない……

C　……

A　憎しみは愛の変態だと言いますね。

B　相手の様子によって変態する愛は苦しみだ。少なくとも不安のたねだ。

X　しかも、道徳や宗教は愛せよと命じている。憎んでもよい、恨んでもよい、とは言っていない。一分の仮借もなく、無条件に愛せよと訓《おし》えるのです。これに本当に従えるだろうか。

それから初咲きの花を愛でて、綻びはじめたところをチョン切って瓶にさすような仕打ちは愛の行為なのかしら。親をわが囚として操縦し、子を自分の好みに服従させ、恋人に阿諛追従《あゆついしょう》を捧げその全心身を要求する。こんなことが愛なのでしょうか。親は子の、子は親の、そして同胞朋友相互いにその身を気遣い合う心情はうるわしい花のようにみえます。だが、この花は本当に無条件に咲く花でしょうか。何か自分の欲望の満足に役立つべき交換条件の成り立つ限度において咲く仇花ではないでしょうか。毒をひそめた美しさではないでしょうか。だからいつまでも、そしていつもそのように匂いつづけるとは思われません。

愛するとは相手を生かすことでしょう。奪い殺すことではないはずです。道徳は知らず、少なくとも宗教の要求する愛とは無条件にそのようにすることであるようです。そして本当の愛とはそのようなものでなければならないでしょう。

どうです。それでも君達は愛することができると言えますか。

B　僕は非常に困難ではあろうが、もしそれが神の教えであるならばできると思います。だから従おうと思います。神は不可能を強い給わないでしょうから。

C　僕はわからない。あるいはできるかも知れないが、ほとんど不可能なような気の方が強くします。

A　僕もそうです。

X　わたしはそのように愛することができなかった。そのように清らかに愛そうとすればするほど自分の貪欲が目につき、貪欲を制しようとすれば却って焔をあげて身を攻めて来る。これが煩悩というのでしょうが、わたしは君と同じように親兄弟や朋友や美しい異性を愛さずにいられなかった。しかし熱愛すればするほど、こちらの要求が大きくなり、それだけ満たされない苦しみも増大して——煩悩の焔が熾んになって、身も心も焼かれる思いがしました。相手を奪い尽くしてしまわなければ止まない貪欲至極の自分を知るばかりでした。愛するというのは恐ろしいことだと思わずにいられませんでした。

道徳と宗教とは貪欲を禁じています。そして愛せよ、と一方に命じているのです。ところが、私にとっては貪欲と愛とは常に伴なっているのです。貪欲のない愛などはあり得なかったのです。貪欲は奪わんとするはたらき、愛は与え、生かさんとする力、この矛盾した二つのものがいつも同じところにあるように見えるのです。一方を禁じ他方を生かすということは全く不可能だったのです。

B　してみると、そういう愛は本当の愛でなくて、実は貪欲そのものなのでしょうか。

X　そうだと思います。愛というけれども、実は愛着というか執着というか、ともかくキリスト教にいう愛、仏教にいう慈悲、あるいは無我愛といったものとはおよそ違うものだと思います。

A　では、本当の愛とはどんなものですか。

X　知りません。

A　愛することはできますか。

X　できます。

A　どうしたらできますか。

X　神の正体は悪魔の総帥、社会の正体が悪魔の副将、親子兄弟がその眷族《けんぞく》で、各々宗教・道徳・義理人情を武器としていることを、それを見破ったらば……

C　その言葉にはトリックがあるのでしょうね。トリックと言って悪ければ言外の意味が。

X　いいえ、正真正銘言葉の通りです。

C　そんな……

B　いや……その悪魔というのは何のことですか。

X　心中の賊、煩悩の魔のことです。わがいのちの自由を束縛して萎縮させ、平安を妨げ、困憊《こんぱい》に陥れるあの悪魔のことです。神はわれわれに宗教を与え、社会は道徳を与え、親兄弟朋友は義理人情を与えてわれわれを窒息せしめようとしているでしょう。それらの命ずるところは悉く禁圧と強要です。そして煩悩の焔をかき立てるのです。

C　でも神は宗教によって平安と勇気とを与え、社会は道徳によって生活の保証を与え、親しき人々は義理と人情によって慰めを与えてくれます。

X　それは本当でしょうか。いいえ、それを全部否定しようとは思いません。しかし、わたしは自分の生命が何を欲しているかを知っています。無限の自由です。絶対的解放です。無条件の平安です。その自由を欲してやまぬ自分のいのちを、私は何物にも替え難く、いとおしく思うのです。簡単に言えば自分を限りなく愛するのです。その量り知れぬ自分の欲求とくらべて、君の言う平安や勇気や慰めなどは物の数ではないのです。そんなもので満足できるほどのお人好しには出来ていません。それどころではない。わたしはそれ等の賜ものは悪魔が懐柔のために遣わして、われわれの自由のための戦いを停止せしめようとする手段にすぎないと思うのです。しかもその中には魔軍の第五列が忍ばせてあるのです。何故ならば、与えられるものの正体はやはり苦しみの因《たね》である欲望の一時的満足にすぎないからです。

道徳家や多くの宗教信者をみてごらんなさい。みんなこうして懐柔され、自由を放棄して虜になった人達です。魔軍の監視の下にその命令に――道徳と宗教――に抵触しはせぬかと戦々競々としつつもなお盗み食いを止められないでいるではありませんか。その中で最も臆病で盗み食いをせぬ人は模範囚として優遇せられ、魔軍の代理として同囚監視の役をつとめるのですが、こういう人を世間では君子とか篤信の人とかよんでいます。その人達にとってはこの魔境が天国です。

わたしは限りなき自由と平安を求めて煩悩の魔軍と戦いました。わたしはまだ何も知らなかったので、その戦いの苦しさに親兄弟や先輩に助けを求めました。また神の救いを求めたり、その袖の下に逃げ込もうとしました。時には例の懐柔策に進んで乗ろうとしたこともあります。しかしすべては無駄でした。長い年月の間、絶え間なく戦いつづけているうちに、いよいよ魔の軍勢は私を十重二十重《とえはたえ》に取り囲んでしまいました。そして最後には自分を助けてくれるものは何者もない、逃げ隠れる場所もなし、退く道も塞がれてもはや絶体絶命のところへ追い込まれてしまったのです。いよいよという時にはきっと頼りになってくれるだろうと最後まで望みを捨てなかった神も仏も遂に救い手ではないと断念せねばなりませんでした。どうにもならぬ絶望です。ここまで追い詰められたとき、わたしは本当に孤独を感じました。

身を覆うべき一糸もなく、大虚空の中に唯一人放り出されているのです。悲鳴も喚き声も喉から虚空へ吸取られてしまいます。走ろうとすれば踏みつける大地さえないのです。自分を救うものは自分自身より他にはないと悟ったとき、わたしは遂に戦うことを忘れて、跳梁《ちょうりょう》する眼前の魔群にじっと眼を据えました。そして意外にも、不思議にも、魔軍の総帥こそ神であることを看破ったのでした。その時腹の底から笑いが押し上げて来て爆発しました。それは悪魔の高笑のように天地に響き渡りました。

ここにわたしの、つまり凡夫の極楽が展開しました。この極楽では人は誰でも愛し合っています。無条件で愛しているのです。誰からも命ぜられることはなく、ただいのちのはたらきとして誰はばかることもなく愛し合っているのです。この愛には苦しみは影さえも止めていません。その代りここでは君子や篤信者のようなお行儀のいい愛し方ではなく、傍若無人、不羈《ふき》奔放な仕方です。

B　道徳と宗教に追い詰められて、土タン場に至ったとき、その強迫、暴圧を跳ね返し、道徳と宗教を踏み破ったところに凡夫の極楽が開けたというわけですね。

X　まあそういうわけです。

生命は自由を欲します。もし道徳や宗教が自由を束縛するものならば、そんなものは余計なものです。

ともかく、こう言うことができるでしょう――あの孤立無援の戦いで、孤独を感じ、徹底的に自己の無力を知り、しかも飽くなき欲望の強大さに呆れて、全くの絶望に陥るまでは一切が敵であり、妨害者であり、悪魔であったのが、その絶望のドン底においてはじめて、われわれが求めてやまぬ愛と自由と平安を体験し得たのだと。

C　それでは神が悪魔の仮面を被ってわれわれを試練にあわせられるのであって、やはり救いの手段として、そうしたいろいろのことが謀られているのだと言えますね。

X　冗談ではない。そんな甘いものではありませんよ。悪魔はあくまで悪魔です。救い手の化けたものだなどと心を許そうものなら遠慮なく喰い殺されてしまう。神の仮相なんていう道化じみたものではない。

C君、それは君の言葉ではなくて、誰か他人の言葉でしょう。君は他人の言葉によって慰めを得ようとしている。駄目です。第一君は神を信じてはいない。信じようとしているにすぎない。本当に神を見、神を信ずるものは自分の言葉を持っているものです。自分の言葉を持たないものは他人の言葉によって慰めを得ようとするものです。宗教家とか先覚者とか、あるいは聖書や経典の言葉によって安心を得ようとします。しかしそれによって安直に得られた安心は決して本当の自分の安心ではありません。借物の安心です。だから正確に言えば「安心なはずであるという慰め」にすぎないものです。これが魔境の天国です。そこでは、愛するとか、信ずるとかのママゴトが行なわれています。

本当の安心は師を殺し、仏を毀《こぼ》ち、神を斬り、聖書や経典も焼き払って、自分自身の魂の叫び声を聞くより他に道はないのです――自力で行こうと、他力で行こうと、ここのところは必ず通らなければどうにもならない――偽りも飾りもない自分の生命の赤裸な叫び、それが借物でない自分の言葉です。

C君、君は自分の生命の必死の叫び声に耳を塞いで他人の言葉に頼ろうとしていては駄目です。自分の生命が何を求めているのか、何を欲しているのか、恐れず、恥じず、まともに正視してごらんなさい。他人の言葉などに惑わされることなく。――ということは道徳や宗教の上の善悪正邪に気兼ねせず、ただありのままの欲求を素直に見届けてごらんなさい。ママゴトの天国にいたのでは永久に浮かばれませんよ。

だが……わたしは君達にこんなことを言っているが、実際は自分自身、この数年来ママゴト天国の住人になっていることに気がついているのです。はじめは、ある生意気な目論見をもって、わざとそこへ入って行ったのですが、結局ミイラ取りがミイラになってしまったのです。いつのまにか道徳や宗教に気兼ねして戦々競々と暮らして来たのです。自分自身に忠実でなく、他人の言葉にばかり気をとられている人間は、このように生気を失い、みすぼらしい姿になるのだということを身を以って知りました。わたしは、いままた非人情になって一切を捨て、あの孤独にかえり、自分のいのちの叫びをきき、それにのみ忠実にならなければいけないと思っているのです。だから、わたしは、ここ数年間生きていなかった、愛してもいなかった。ただ生きているような気がしたり、愛しているような気がしていただけなのだと、いまつくづく思っているのです。

でもみていてください。きっと、凡夫極楽の住人に相応しく、白日下に赤裸の全身を曝《さら》して大道を濶歩し、傍若無人の振舞いをするでしょう。

A　それは愉快だ。あなたがその手本を示してくださったら、僕達も安心してついて行けます。

X　馬鹿なことを言っちゃあいけません。こんなことは真似られることではありません。めいめい自分自分の問題です。もしうまく真似たらどうなります。わたしの通りについて来たらどうなると思います。わたしは極楽に行っても、君たちはママゴト天国より行くところはありませんよ。

B　さっきからのお話を聞いていますと、宗教、道徳、人情などに気兼ねなく、ただ生命の欲するところをそのままに行なわなければならない、余計なことに気を配って萎縮してしまっては駄目だ、生命が自在に解放されるときに、かえって宗教も道徳も人情も生きてくるのだ、とおっしゃるように思えますが。そうだとすれば本当にホッとします。だけど実際にはとても恐ろしいような気がします。何をしてしまうかわからないような気がして……

X　何をしたっていいじゃありませんか。道徳や宗教の命ずるところに抵触しはしないかと心配になるのでしょう。――そのようにして人々は言葉と文字の偶像に拝跪《はいき》して形ばかりととのえることに汲々として偽善的な君子や篤信者になります。

C　言葉に捉われるからいけないので、その精神に従えばいいのでしょう。

X　と言ってまた言葉の研究をしようとする。

C　だけども、道徳や宗教によらなければわれわれは悪いことばかりします。もしそれを無視して自分の仕放題をしたならば目茶苦茶になってしまいます。人間に道徳や宗教がなかったら犬や猫と同じでしょう。

X　大丈夫です。犬は四ツン這いで歩いています。人間は二本足で立って歩いています。

四ツン這いは四ツン這いのままで思いのままに生きているのです。それでいいのです。人間が四ツン這いになる心配はありません。人間は道徳や宗教によって二本足で立っているのではありません。人間が二本足で立っているのは生命の要求なのです。第一、人間だけが道徳や宗教に自分の生命の自由を捧げなければならないということはわかりません。生命の欲するところに従って、それが悪ならわたしは喜んで悪を行ないます。道徳が何と言おうと、宗教が如何に嚇《おど》かそうと。――わたしは自分が何ものよりも可愛いので、わたしはただ、自分のために生きているのです。道徳や宗教のために生きているのではないのです。裏返して言えば、道徳や宗教は人間の生命の真剣な欲求に応えて生まれたものだといえるでしょう。

C　それならば、道徳や宗教はわれわれにわれわれの生命の欲求の正しいすがたを教えてくれるわけでしょう。だからそれに従うことは自分の生命を最もよく生かす道なのだということになりませんか。

X　そこが君とわたしと考えの違うところです。わたしは自分の生命が何を欲するかは生命そのものが知っているので、外から教えてもらわねばならないものでもなし、本当に教えられ得るものでもない、だから自分の生きる道は自分自身で発見……と言うより自ら創造して行かねばならないのだと思っているのです。あくまで自分が、生命が主人公なのです。

B　お話は、お話としてなんとなくわかるような気がするのですが、実際問題となるとどうも……。

X　……?

B　僕のいま一番切実な問題として性の悩みがあります。率直に言ってしまえば、僕は性欲の熾烈さに全く手古摺《てこず》っているのです。

A　うーん、全くだ。

B　運動をしたり、食物に気をつけて刺激性のものや濃厚なものを避けたり、いろいろ工夫してみます。時には不自然なことで一時胡麻化したりしますが、そんなことをすれば抑圧できるどころでなく却って益々熾んになってきてどうにも手のつけようもない有様です。

X　うん、そうでしょう。……みんなそうなんです。

B　この性欲は明らかに生命の欲望でしょう。

X　そうです。

B　そうするとあなたのお考えからすれば、その欲望を抑圧することはいけないことになりますね。性欲の赴くままに満足させなければなりませんね。そうすると現在の僕としては差当りパンパンガールによって解決するより他に方法がありませんからパンパンを買ってもいいのでしょうか。

X　いいですとも！　もしそれが君の生命が本当に欲するならば、たとえ分不相応な金がかかろうが、親に心配かけようが、友達から批難されようが、そんなことを恐れずに自分自身の道を突き進んで行ったらいいでしょう。

B　大丈夫でしょうか。

X　何が？

B　……それでいいんでしょうか。

X　いいも悪いもない。それが本当の生き方ならば。

B　保証してもらえますか。

X　何の保証か知らないが、しろと言うなら何の保証でもしよう。しかし君の行為の責任はわたしが負うわけにはいかない。君自身が負うより仕方がないでしょう。

B　……

X　だけどB君。性欲の満足は君の生命の欲するところであるには違いない。しかしそれが生命の欲求の全部だろうか。

生命というものは、殊に人間の生命はそんな簡単なものではありません。実に複雑な欲求をもっている。人から悪く言われたくない欲求もある。知識の欲、健康の欲、お金の欲、食いたい欲もある。大雑把に分類しても、百八煩悩と言われるその数だけの欲求があるわけです。これ等の欲が各々一個の生命体に別々に一つ宛属しているなら簡単であるが、人間においては一個の生命が百八ツを兼備しているのだから大変なのです。もしそのうちのある一つを不当に優遇して他の多くを犠牲にしたならば生命全体にとっては損失にならないともかぎらない。――だから生命そのものが果たして何を欲しているかを冷静に見定めなければならない。そんなことを一々していた日には、日が暮れてしまうと思うかも知れないが、実は一秒もかからない。生命自体の選択なのだから。そうです。生命自体の自然の選択なのだから、不当にある欲を優遇するということは起こらないはずです。ところが、こういうことも事実なのです。――欲というものは外からの力で抑圧されるとそれに抵抗して却って必要以上に勢を強めるのが普通です。外からの力と内からの欲と、この戦いはどこまでも際限なく続くものです。もし外からの抑制がなかったならば、あるいは、その力を感じなければ生命は選択を誤ることなく、あるがままの健全な成長をするものです。

そこで性欲について考えてみると、性欲は人間の欲望のうちで最も大きなものの一つです。特に若い頃にはそうです。本来大きいところへおまけに性欲の満足は他の如何なる欲望よりも厳しく禁じられています。実に厳重な規律の中に閉じ込められています。宗教道徳、義理人情、法律習慣などで七重八重に締め上げられています。だから性欲は際限なく燃え上がるのは当然です。そして他の多くの欲望を犠牲にするようなことがしばしば起きるのも止むを得ないことです。

こういう風に考えてくると、性欲に苦しむ苦しみから逃れるのには抑圧では駄目で、逆に外からの禁止の力から解放されなければならないということがわかります。そして生命自身の内からのコントロールに任せておけば必要にして十分な勢を保つことになります。

もしこの自然の状態においてなおかつ、パンパンに行くことを生命が欲するならば潔く行けばよいのです。さっきわたしが本当に生命が欲するならば、といったのはこういう意味なのです。多くの宗教では欲望を満たすことを罪悪視します。殊に性欲を忌み嫌います。そして欲を捨てよ、と言います。もしそれが本気で言われるならば、一寸どこかに手術を加えれば簡単に性欲なんかは消えてしまうでしょう。昔から多くの修行者が自分の性欲を憎みに憎んできましたが、本当に憎んだのなら、その根を断つ工夫ぐらいできそうなものに、あまりそういう話は聞きません。これは変なことです。さらに不思議なことは、修行を積んだ暁にはもう性欲などにはあまり血相変えて相手になってはいません。性欲がなくなったのでしょうか。そんな筈はありません。性欲が、外部の力としての道徳宗教などから解放され、自然の状態にかえり、他の諸欲とのバランスがとれるようになったからだと思います。これを見ても想像がつく通り、性欲は性欲として独立したものではなくて、生命の大欲の一部で、他の諸欲と融通し合っているものだと思います。

だから独身者は独身者のように、妻帯者は妻帯者のように、その境遇に応じて生命の内部で調節されるのだと思います。余計な禁圧さえ加えられなければ。

わたしの――凡夫の極楽には外から加わる禁止の力はありません。欲を捨てようなどと思う必要はないのです。生命は自在であり、はつらつと自己本来の欲を追いながら自ら安泰なのです。何故ならば、この国では欲は不安や苦しみの因《たね》ではなく、却って充実であり、楽しみなのですから、ここではみんな、誰が造ったかは知らないが、こんなにもうまく出来ている自分に気がついて悦んでいるのです。

C　いまの性欲のお話は他の欲についても同じように言えるわけですね。

X　そうです。性欲の話が出たからそれを例にとっただけで、名誉欲・財欲――これらは中年の男に一番強く出て来ますが――その他どんな欲についても同じです。

A　このお話は、わかる人にはいいのですが、わからない人には随分危いと思いますけど……あなたのような教育者である方がこういう話を誰にもなさったら誤解もあるでしょうし、実際、後進を過つこともありはしないかと思いますが。

いや実はわたしもそんな風に思っていたのです。それで今までこんなことは誰にも言わなかったのです。ところが近頃よく考えてみると、そもそも自分が教育者になったのは本当のよい教育者とは凡夫極楽の住人でなければならない——何故なら、本当の教育者というものは愛することができなければならない、そして真実に人を愛することのできるのは、わが凡夫極楽の住人だけなのだから——そしてこの生き方を若い人に伝えることが知識の教育より大切なことだとも考えたからなのです。それにもかかわらず、わたしはいつの間にか「先生」の衣を着て自分の本心をかくし、道徳の味方、宗教の味方のように振舞うようになったのです。そして前にも言った通り、ママゴト天国に競々として暮らして来たのです。なんという馬鹿なことかと我ながらおかしくなるほどです。孤独地獄、焦熱地獄のドン底にいる自分の姿から目をそらして内外の頼りなき偶像にとりつこうとしていたのですね。そんなことになったというのは、これより他に、人間が本当の悦びと安心を得る道がないのだということを、わたしはまだ本当には知っていなかったからでしょう。わたしはここでもう一度、いや毎日衣を脱いで名前のない、無垢の人間にかえります。そして素裸の行動をとります。そのために親しい人達から見離されるかも知れない。それを恐れていましたが、その淋しさも覚悟の上で。
C　そういう極楽をあなたが発見なさったとしても、それは結局、神のお導きによるのだと考えられませんか。
X　いのちのもがきの果てだと思います。
B　しかしあなたのは、やはり一種の宗教なのではありませんか。
X　そうらしいのです。だから君達は、ウッカリわたしの話などに引掛かったらひどい目にあいますよ。悪魔の言葉だから。

——一九四九・三・七——

二、どこへ行く――ピン公の話――

これを書いたのは、皇紀二千六百四年正月と表紙にあるから昭和十九年でしょう。戦争の真最中で、はじめ塾出身の若い人たちのほとんど全員が出征していました。私は銃後にあって戦線にいるその人たちに慰問状を書くのを日課にしていましたが、その人数が多くなりすぎて一人一人に書いていたのではとても間に合わなくなりました。それで「つりばし」という謄写刷りのものを作って戦地に送りました。その第一号に載せたのがこの小話です。

はじめ塾では今でもイワシのことをピン公と言いますが、それはこの小話から出たのです。その前年の暮に小田原ではめずらしいイワシの大漁があり、町中イワシが氾濫しました。うちでもたくさん買って頬刺しを作りましたが、それを見てこんな話を思いついたのでした。

ピム「おーい。ピン公、ピン公、ここだよ。ピン公……」

呼ばれてピン公が声のする方をよく見ると驚いた。幼い頃からの親友ピムさんが左の方

五、六列目のあたりを泳ぎながら、こちらに向かって喚いているではないか。
「おおごめんよ、ごめんよ、おっとごめんよ」と言いながらピン公は、ギッシリ並んで前進している列を横切ってピムさんの方へ寄って来た。
ピン「こんなところにいたのか、お前は。気がつかなかったなあ。いつからここで泳いでいたの、お前は」
ピム「俺は、ほら、あのサバ騒ぎでまごついて逃げまわっているうちにお前とはぐれてしまったな、それからずっとここを泳いでいるんだから、もう五、六年になるかな」
ピン「そうか俺もあの時からずっとあの列のあそこに並んでいたんだが、こんな近くにいたのに……。お前がいやしないかと思ってはじめはずいぶんあたりを見まわしたんだが、ちっとも気がつかなかった。このイワ混みじゃもうお前には会えないかと思っていたが、こんな近くにいてよかったなあ」
おびただしいイワシの大群の中で前後左右から押され突つかれながら、ピン公とピムさんは思わぬ再会を喜んで肩すり合わせて泳いでいた。
ピン「ピムさん、お前だいぶ太ったじゃねえか」

ピム「うむ、俺もさっきからお前が大層太って丈夫そうになったなあ、と思っていたんだ。そう言えばこの頃みんな太ったようだな。その証拠に、この頃隣の奴とからだがぶつかってもあんまり痛くねえ」

ピン「ブクブクブク、全くだ、なるほどぶつかり合っても割に痛くねえな」

ピム「おいおい、そんなにわざとぶつかるなよ……だがなピン公、俺はお前とはぐれてからひとりで黙って泳いで来たんだが、その間にね、俺は妙なことを考えちゃって変な気持ちになっているんだが……お前、いったい俺達は何処へ行くんだか知ってるのかい。昼も夜も朝も晩も泳いでいる。急ぐでもなく止まるでもなく、もの心ついたときにはお前と並んで泳いでいた。それからずっとこの通り泳ぎ通しだ。なあピン公、お前はどう思う？いったい何処へ行くんだろう」

ピン「知らないね、そんなこと。だけどお前は何年か会わないうちに様子がだいぶふけたと思っていたら、ピキ爺さんのような事を言うようになったたな」

ピム「ピキ爺さんてのは誰だい」

ピン「ピキって言うのはな、さっきまで俺の隣の列にいてブルブルふるえながら泳いでいる威勢のよくねえ年寄だがな。それが時々俺たちをつかまえて妙なことを言うんだよ。するとたいてい周りの者は相手にしないでブクブクと笑っておくだけだが、俺は何だかわけはわからないけれど面白いことを言う年寄だと思うもんだから、なるべく合槌だけは打っておくんだがね。それがいまお前が言ったようなことを言ってたよ」

ピム「フウーム、何処へ行くって言ってた？」

ピン「知らねえな」

ピム「お前聞いたんだろう？」

ピン「だってね、ピキ爺さんがいきなり俺に〝ピン公や、お前はかわいそうなもんだな〟と言いながら俺の顔をしげしげとのぞき込むから、俺はちょっと気味が悪くなっちゃって何で俺がかわいそうなのか聞いてみたら、ピキさんが言うには〝お前は朝から晩までそうして泳いでいるが、自分が何処へ行くのか知らないんだからな〟と言うんだよ。それで俺はよくよく考えてみればなるほど何処へ行くのか知らない。みんなが泳いでいるから自分も泳いでいるのかとも思ってみたが別にそうでもない。何だか一向わけがわからないから前後近所の連中にきいてみたんだ。そうするとみんな〝さあ、知らないね〟という挨拶だけで、せっせと泳いでいる。そこで仕様がないからピキ爺さんに〝お爺さん、俺は何処へ行くのか知らないが、あなたも一緒に泳いでいなさるが、お爺さんはいったい何処へ行くんです。どうせこうやって泳いでいればあなたの行くところへ俺も行くんだから、お爺さん知っているんなら教えてくださいよ〟って言ったら、ピキ爺さん〝いや、教えない方がよかろう〟って小さな声で独言《ひとりごと》のように呟いたっきり黙っちまった。そんなわけで俺も何処へ行くのか聞かなかったんだ。あの爺さんも本当は知らねえのかも知れないな」

ピム「フーム、そうか。ピン公、その爺さんのところへ行ってみたいな、俺がきいてみる」

というわけで、ふたりは「はい、ごめんよごめんよ。ちょっと通してくれ、はいごめんよ、ごめんよ」と押し分けて五、六列を横切って目的のピキ爺さんのところへたどりついた。

ピム「お爺さん、俺たちは何処へ行くんだか教えてください」

ピキ「わしは知らん」

ピム「えっ、知らないことはないでしょう。ピン公が言ってた」

ピキ「そうか、じゃあ知らないことはない」
ピム「それじゃ教えてくださいよ。わたしは四、五年前からどうも気になって困っているんです。誰に聞いても〝知らん〟と言うばかりでみんな平気で泳いでいるんです。本当に何処へ行くんですか、後生だから教えてくださいよ」
ピキ「それでは教えてやるが驚いてはいけないよ。実は何処へも行かないんだ」
ピム「えっ、何処へも行かないんですって？」
ピキ「だから驚くなって言ったんだ。この目路の届かぬ大群集が日に夜をついで泳ぎに泳いでいるから、何処へ行くのだろうと誰でも思うのだが、別に何処へも行きはしないのだよ……お前やわたしは何処へ行くんだろうなどと考えているが、他のものはそんなことに頓着なく、また別のことを考えているだろう。めいめい夢中になって何か考えているのだろうが、何を考えても考えなくても兎に角みんなどんどん泳いでいる……そして泳いでいる気でいるからどこかへ行くかと思っているんだね……」
ピム「わからない」
ピキ「わからなくてもお前は泳いでいる」

ピム「あなたも泳いでいる。ピン公も泳いでいる。誰も彼もみんなみんな泳いでいる。おお、お爺さん、泳いでいますね。みんなみんな、どんどん泳いでいます！」

ピキ「ブクブク、わかったか、何処へも行きやしない。みんなただ泳いでいるぞ」

×　×　×

竹の串で頬をさされたイワシが葉の落ち尽くした柿の下枝に五、六串吊されたまま、星空になるまで冷たい夜風に吹かれている。

ピン公とピムさんとピキ爺さんは各々の串に属しているが、この三ピは他の連中とちがって星の光が腹まで射し込むほど思い切り大きく口を開いている。

三、ヘビとカエル

十月初め一心寮の下の家の裏で、ガマガエルがヘビに呑まれるところを見た。ヘビはヤマカガシだが、普通のヤマカガンの五倍もある大物で、よほど年を経たものとみえて、からだの色が全体にぼやけ、黄も赤も黒も、くすんでハッキリしない。曰《いわ》くありげに貫禄をそなえた太いからだをゆっくりとうねらせてガマを捉えているのだ。食われているのは大きなガマである。だがいかに蛇が大きいといってもガマをひと息に呑むほどの口は持っていない。ガマの右腿のあたりに食いついているだけだ。

この光景を見たものは、はじめ誰でも、ヘビが思案にくれているのだと判断するだろう。それが常識というものだ。ガマの腹の大きさとヘビの頭の小ささをくらべてみれば、どんなにひいき目にみても、小が大を呑むとは想像もつかないわけだ。食いついてみたものの呑むことはできないし、内向きの自分の歯に引っかかって、吐き出すこともできない。さて、どうしたものだろう、とガラス玉のような目をむいて困り果てている有様だ。

食いつかれているガマはとみれば、これはまた静かなものである。困ったような顔もせず手足を動かそうともしない。だまって尻に食いつかせている。ときどき喉のあたりを少し動かすだけで、もがこうとも逃げようともせず、全くされるままになっている。この結末はいったいどうなるのだろう、とこちらはせっかちに思わないではいられない。だが、自然界はなんと悠々としていることだろう。その変化は、二分や三分ではわからない、少なくとも十分を単位にとらなければ変化は観測できないのである。

こっちも肚を据えてしゃがみ込んで見守っていると、驚くべきことが徐々に展開してくるのだ。ヘビの口が徐々に開いてくる、開くばかりでなく、あごの皮がゴムのように伸びる。いくらでも伸びる。上あごと下あごの開く角度はほとんど一直線に近い、たぶん百六十度ぐらいはあるだろう。この変化は月見草の開花より緩やかで滑らかである、もの音一つせず、しかも絶対的な確かさをもって推移するこの変化は人間界にはないものだ。なんという寂かさだろう。なんという確かさだろう。ガマの目は、つむりも、またたきもせず、じっと上を見ているだけ。

十五分、二十分。いつの間にかガマの下半身が吸い込まれている。その頃になると、ガマはいままで大きく膨らませていた自分の腹を細めて呑まれやすく形をととのえている。ここまで来ればこの自然劇の結末はもう見えて来た。やがてガマの全身は首尾よくヘビの中に滑り込んで納まることだろう。

私は去年も一心寮で同じような光景を目撃したが、あのときはヘビもガマもこれよりずっと小さかったせいか、今年のほど厳粛な感じはなかった。今年の自然劇は実に荘厳と言いたいほどのものだった。大自然の夜明けを見るような、いや、それより天地の神々を信じる穢れなき人々によって神苑で執り行なわれる無私の森厳さをさえ感じさせられた。私はこれを見て、自分の今までの間違いにはじめて気づいた。自分は人間心で勝手な想像をして勝手なすがたを描いていたということを知ったのである。

世間の通念に従って私もカエルとヘビは闘争し、強きものが弱きものを滅ぼしているのだ、と思っていた。カエルは恐怖と苦痛のために目をむき手足を痙攣させているのだと思っていた。ヘビは殺気に満ちた目を血走らせ、凶悪な口を開いてカエルを貪り食うのかと思っていた。

ところが、事実はちがう。全くちがうのだ。誤解も甚だしい。

ヘビとカエルは戦っているのでも、弱者が強者に滅ぼされているのでもない。ヘビとカエルは一つの儀式に協力し各々その役割を果たしているにすぎないのだ。カエルは恐怖と苦痛の中でもがきながら食われるのではない。静かな、深い満足のうちに食われているのだ。もしかするとヘビに呑まれるカエルは、カエルの中での果報者なのかも知れない。ヘビに呑まれるカエルは無上の快感を愉しんでいるのかも知れない。たぶんそうなのだろう。尻に食いつかれたカエルの緊張した、そして満ち足りたあの表情がそれを物語っている。

ヘビも決して残虐な殺戮行為をしているとは思っていない、だからひとつも殺気立ってはいないのだ。冬ごもりのための静かな食事を楽しんでいるのに違いない。あのゴムのように伸びて百六十度に開かれた大きな口を見て、人は勝手に恐怖を感じただけなのだ、自分の驚きをヘビの凶暴と取り違えた人間の軽率さに問題があるのだ。

事実は、食う方も食われる方も、互いに取り引きも、かけ引きもない——そんなケチな思いのかげさえもない、純粋な自然の一つの儀式を共演しているだけなのである。大らかと言えばこれほどの大らかさはないだろう。人間が勝手に持ち合わせの尺度を持ち出して、かわいそうだの、にくらしいだの、凶暴だのと評価して、勝手に自ら心を痛めているのだ。

ヘビとカエルの関係は一般に考えられているような闘争でも敵対でもない。実は互いに互いを満ち足りさせる協力関係であり、種属の次元でも、ヘビはこれで栄え、カエルもこれで適当に調節されて過密化が防がれているのだ。ということを知って私は肩の荷が一つ下ろされたような気がした。

鈴虫やカマキリの雌が、用済みの雄を頭から食うのも全く同じことではないだろうか。人間のメスが用済みのオスを頭から食うのはあまり賛成できないが、人間と鈴虫とは違う生き方をするようにできている。その差を無視して、鈴虫がオスを食うことを残酷だとか野蛮だとか感じるのは、根拠のないことだと言わねばならない。メスに食われるオスは無上の快感の中に恍惚として逝くのに違いないのだ。

人間というものは、自分に関係のないことにまで気をもんで勝手な苦労をするものである。

〈追記〉

この文を発表したとき、早速激しい怒りの手紙を数人の読者から叩きつけられました。中には青年らしい人もありましたが、必ずしも若い人たちばかりでなく相当年輩の男女も混っていたようでした。

私ははじめ、なんでこんなに非難されたり叱られたりしなければならないのか見当がつかず、全く目をパチクリするばかりでした。ところがそれらの手紙をよく読んでみると、その人たちの怒っているのは要するに、

○弱肉強食を肯定している。

○それは、社会生活上の弱者（すなわち福祉活動の対象者）はカエルと同じように強者の犠牲になることがこの世のさだめだからジタバタせずに往生すべきだし、他の人々がそれを気の毒に思って助けようとするのも余計なお節介だ——という冷酷な思想の表明だ。

○また、これは戦争肯定につながる危険な思想だ。

ということらしいことがわかってきました。そしてその手紙の主はみな福祉の仕事に熱心に携わっている人々らしいということも文面から想像がつきました。

私はその人たちの非難が全くトンチンカンなものだとそのとき直感したのですが、自分とその人たちと、どこがどう違うのかはあまり明瞭でなかったのです。しかし月日が経つにつれて、次のようなところに問題があるのだということが明らかになってきました。人類の福祉を考えるのに重大な問題を含んでいると思うので、書き添えておきます。

1　私は事実を語っているので、思想を述べているのではない、ということをその人たちは理解していない（事実の認め方が間違っている、との反論なら、そうかも知れないと思うが、そのような反論は一つもなかった）。

2　蛇に呑まれる蛙を冷然と観察する人間の無神経さに対する怒りかも知れない。もしそうならばその怒る人たちの軽率さは訂正されなければならない。

この人たちは、本当の思いやり・同情・愛とは、「強者」「弱者」という観念の中に生ずるものではなく、「自他を超えた事実そのもののありよう」から生ずるものだということを知らないのではないかと思います。

観念の中に生じた自分の感情を愛とか思いやり、と思っているならば、それは思い上がりだと言われても致し方ないでしょう。

3　蛇と蛙の関係を人間と人間との関係に直ちに置き換えて受け取る、ものごとの理解の仕方はホメられたものではありません。なんでもアタマで抽象化して、類型化された別の事実にそれを被せてみようという近代的思考法の弊害を露出しているのだと私は思います。ヘビとカエルの関係と人間の福祉の問題とは全く無関係だということを知ってもらわなければならない。

4　右のような間違えた考えの上に立って「福祉」を考え、それを強調しようとする人々は、ヒステリックで傲慢な姿勢で、世間に対し同調を求めようとします。これは却って真の福祉の実現を阻むことになると思います。福祉活動の基盤である愛とは何か、もう一度この問題を見直して出発し直さなければならない時期に来ていると強く思います。福祉を人類的視野で考えなければならない時代に来た今日、われわれは倫理的観念の要請による「作られたる感情」に囚われることなく、もう一歩進んでいのちの真実のすがたに呼応した行動を求めてゆかなければならないと思うのです。

四、二様の価値観

価値観が多様化されている、とよく言われるが、いったい、どう多様化されていると言うのだろう。世間知らずの私には合点がいかないのです。私にとっては、価値観と言えるほどのものは二種類しかない。多様と言えるほどのものはあり得ないと思われます。ダイヤモンドと真珠とどちらが値打があるか、西瓜《スイカ》と真瓜《マクワ》とどっちに価値があるか。そういう程度の意見は、価値観とは言わないだろうと思うのです。

価値観というのはその人が生きていく上で出会うものごと凡ての値打を判断する尺度として何を採るかということでしょう。もしダイヤ的あるいはスイカ的価値観をもっている人があるとしたら、すべての自分の行動を、できるだけダイヤやスイカに近づく方向への選択に従わせることになるのだと思います。

いつか何か分厚い雑誌を開いてみたら、ちょうどそのページに大きな字で「金だ、金だ。

金がなくてなんの人生?」と書いてありました。中身は読まなかったけれど、大体想像がつきます。本気でそう思っている人が世間には案外多いのかも知れません。また他の雑誌には一人の政治家の自慢話が載っていました。それは要するに、自分は如何にお金にテンタン（恬淡）としているか。そして、どんなふうにして選挙民の信頼をかち取るための努力をしているか、ということを得々として書いているのです。

この人は、自分の価値観はお金なんかという低級なものを目安にはしていないのだ、選挙民の人気だけが問題なのだ、そのための人々へのサービスこそが問題なのだ、と得意満面という感じで書いていました。この人の価値基準は人気にあるとみてよいと思います。その他地位とか、愛情を標準にして計る人もあるでしょう。

このようないろいろな価値基準に立つ生活姿勢を別々の価値観による生活とみるならば、近頃は一応価値観が多様化していると言えるでしょう。戦前の日本では官許の価値基準として、忠君愛国とその補強材として孝行がありました。人々の心の中の事実は別として、表向きの価値観は一応統一されていました。それに反する価値観を表明する者は非国民として圧迫されました。それが終戦と同時に、忠君愛国という締め金が解かれて、価値観は銘々自由勝手、何を採っても差支えないことになりましたので、いわゆる価値観の多様化が実現したわけでしょう。

しかしそれらの価値観が、価値観と言えるほど確かなものでしょうか。金にしても地位にしても、そんなものを一生涯変らずに価値基準として持ちつづけられるほどおめでたい人が問題になるほどたくさんいるでしょうか。早い話が、お金や財産や地位を命より大事だ、と思い続けることができるものだろうか、と疑うのです。昔は主君のために、つまり忠義のために、わが命を鴻毛の軽きにたとえることが最高の美徳と称讃される時代がありました。今は忠君はなくとも、愛国の美徳は世界中にもてはやされています。イギリスとアルゼンチンや、イランとイラク、東南アジアのゴタゴタ、それらに干渉がましい態度をとっている米国、それらの国々では相変らず命と引換えの愛国心が賞揚されていることは周知の事実です。日本の国内でもまだこの種の愛国を称えて止まない人々が跡を絶ちません。

どうしてこのような価値の量り方が通用するのでしょう。

われわれ大脳支配下にある人間は、より具体的なものの方に価値を認めやすい、という特徴があります。対象が抽象的であればあるほど実感として捉えにくいからでしょうか。

しかし一面では（ある理由から）人間は具体的なものより、より抽象化されたものの方に深いと言うか、高いと言うか、より高級な価値を認めるようにできています。――こういう一般原則があるように思います。

そこで、次には命について考えてみます。

君のために、あるいは国のために命を捨てる、ということが称讃されるのは、命はわれわれが意識に捉え得るものとしては、他の何ものよりも実体が把握しにくい、という特徴をもっている、ということかも知れません。金銭にも、何ものにも換え難い、その命を君の安泰のため、国の安全繁栄のために捧げる、ということは最大の美徳の実践だ、ということになるのでしょう。――それはそれでいい、それを不合理だとか野蛮だとか、軽薄なる文化人のように評してそれにケチをつける気は毛頭ありません。

しかし、その命というものの実体をもう一歩深く追究してみてもらえないか、と思うのです。

生物学的な命、その実質を、もっと深く味わって行くといのちというものに到達します。

それは別のことばで言うと〝存在自体あるいは〟存在の真実ということになり、大脳がその意味合いを実像として捉えた場合にわれわれはそれを〝存在の真実相〟と言います。

われわれ人間は今まで、現実的、社会的制約のために、この真実相を明らかにし、それを思い切り生かす主張を大っぴらにすることが出来ませんでした。それをどうしてもしないでいられない本当の求道者達は〝世間〟を出て、いわゆる出家をしなければなりませんでした。これは世界中どこの国でも同じです（もっともいわゆる出家者と言われる人々全部がその種の人たちだと言うのではありません。そういう厳しい意味での出家者は恐らく万人に一人というのが現実で、大部分の出家者はもっと生やさしい理由での逃避者ではないかと思います）。

国家というエゴイズム集団が健在である限りその支配下の一般国民はこのいのちの真実相に依って生きる自由は認められません。世界中のあらゆる国の人々はその現実的制約の下に生きてきました。それより仕様がなかったのです。

その制約から人々が解放されることは、恐らく、深くものを考える人たちの夢ではなかったかと思います、地上では永遠に現実化されない夢だと最近まで思われていたのではないでしょうか。

ところが、いったい誰のはからいでしょう。何者によってはからわれたのでしょう。地球上の一隅に、（制度として）国家エゴイズムの束縛から解放された人間集団ができました。もちろんそれは、戦争に敗れた後に、平和国家誕生の宣言を成文憲法によって発表したわが日本国であり、日本国民であります。

この憲法で宣明されたのは、武力の放棄です。しかしその前文に謳われているような自らも平和であり、他の平和にも貢献できる国となるのには、その武力を否定するだけでは間に合いません。産業経済文化等あらゆる面に於けるエゴイズムの放棄が要求されます。

この人類始まって以来の画期的大変革の可能性が日本の敗戦と同時に、奇しくも敗者日本を主役として指名し明示されたのです。

当時この憲法を敗戦国に押しつけようとしてこれを立案した人々の心中に何があったかはわかりません。押しつけられる側の大臣たちの心中にあったものが何だったかもわかりません。それについては、歴史家がいろいろに推測しています。たぶんアメリカ人が建国以来心の中のどこかに描き続けて来た夢がこういう形で表明されたのかも知れません。しかし当時の個人が何を考え、何をしようとしたのか、そんなことはどうでもよいのです。

科学文明の発達は世界中の人々を一つの生活圏に巻き込んでしまいました。もう今日では、アメリカ人だの日本人だのというケチな思いは大きく外されてきています。地球上のどこからでもよい、人々が奪い合わず、与え合い、殺し合わずに生かし合う、そういうことが可能となり現実化される力が噴き上げてくれればよい、――そういう願いが今、世界中の〝勘《カン》のいい〟人々の間に渦を巻いてきました。

さて価値観の話に戻りますが、私は価値観には二種類しかないと思っています。前に挙げた、お金だの、地位だの、産業的価値だの、道徳的価値だのというものを価値基準とするような価値観は、不安定で、いつどう変るかわからない甚だあてにならないものですから、これらはひっくるめて相対的不安定価値観と呼び、もう一つはいのちの真実相を目安とした価値観で絶対的安定価値観と呼ぶことができます。

後者をどうして絶対的とか安定的などと呼ぶかと言うと、それは極めて簡単な理由からなのです。

この価値観の足場は、生物の進化というところにあります。生物としてのヒトがどちらの方向に向って変化することになっているかを考えると、〝自覚ある生物の実現〟を目指しているという判断することができます。その変化即ち進化の方向に沿った考えや行動は、その主体である個体に安定と幸せをもたらすことは当然であります。そうでない考えや行動はその人に不安と不幸をもたらします。

そして、このいのちの流れの方向は、個人の意見や行動によっては絶対に影響されません。そうです。誰がどのように考えても、行動してもビクともしません。ですからわれわれ人間が採用し得る価値基準としてはこれほど頼りになるものはない、ということになります。

ですから、われわれが生き生きと、幸せに生きるためには、この価値基準をできるだけ明らかにすることが大事で、それを怠っていて、正しいとか、間違っているとか、損とか得とか騒いでみてもつまらないことです。

平和論でも国防論でも、価値基準を突き詰めないで、いい加減な中途半端なその場のご都合主義をかざして大騒ぎしても、当り外れがあるだけで、頼りになることは一つも出来ません。

世界中のえらい人たちも同様ですが、日本の議会でやり合っている大臣や国会議員たちの喚き合っている有様は、正に〝多様化価値時代〟の芝居を目に見せられる思いです。

われわれ庶民は、あんな騒ぎは放っておいて、絶対価値に眼を向けて、われわれの平和憲法の指す方向に向って一歩でも半歩でも進もうではありませんか。

全然むずかしいことではありません。自分のいのちがどんなものかということをよくよく見つめてみるだけなのです。他人から教えてもらう必要もありません。ただ、そのヒントだけは誰かから与えられないと、気の向けようがわからないから無駄骨を折ります。どうかヒントを求めて自己の真相に近づく努力を、みんなで助け合っていたしましょう。

五、不思議なガラス板

特殊ガラス板が立っている。

その右側からは左側の様子が細大漏らさず透けて見えるが、左側からは右側の様子は全く見えない。従って、左側にいる人はガラスの向う側には何もないと思っている。ところが、実は右側には「意味」の詰まったいのちが充満しているのだ。このいのちの中からは左側の風景が手に取るようにわかる。

近年、左側では物質科学というものが流行っていて、目に見える現象を研究している。そして物の成り立ちを調べるために、微から微へと分析を進めて行く。そのうち万物を組成する最小微粒子はすべてに共通であることに気づいて、一切の存在は、その実質が相互相通ずる相関関係にあることが確認されたようだ。そこでその辺りの領域を研究している科学者たちは、右側にいる人々の言う不可分一体のいのちの世界の様子は既に科学的に解明されたと思うらしいが、果してそうだろうか。

物の存在の本質と真相は、左側にあってどんなに精密に観察してみても捉え得るところではない。所詮分断孤立をさらに細分化するだけで、どこまで行っても不可分一体そのものの証明にはならない。

しかし細分化の極に至ったとき、そこから存在の究極的な実相を推測することはあり得る。

近年、科学者であると同時に宗教者である人々が科学と宗教の融合点を指摘し、宗教所説の科学的合理性を立証しようと試みることがあるが、左側に立っての推測は右側に身を置いて得る実感とはまるで異なるものであることを無視しては誤りに堕ちる。

しかし、左側の風景は右側の内容と無関係でないことはもちろんである。

人は、右側の世界に充満している意味を五感という特殊ガラス板を透して、左側の時間空間の枠に具象化して投影したものを大脳が捉えて「これは我」「あれは彼」と認めているのである。そして、その風景にのみ関心が集中しているわけだ。

もしこの理を納得したならば、誰でも直ちに右側の大調和の世界を体験し、すべてのこだわりを脱して自由を得るに違いない。その自由の中でこそ、何億年かけてわれわれが単細胞時代以来の進化の途上で蓄積して来た無量の智慧が、われわれの現実の生活に発動するのである。

五感と大脳という特殊ガラス板を作った造化の妙。

このガラス板成立の進化論的意義を解明する人があるだろうか。—そこから文明論が展開するのだが。

以上は、ある小冊子に掲載した短文のすべてであるが、それは字数制限のため尻切れトンボになっている。この機会にトンボの尻尾をつけ加えておこう。

この不思議なガラス板ほどのようにして成立したか。それはやや複雑な仕組みだが——要するにヒトという生物が進化の過程の中で次の段階に進むのには、この五感と大脳を頼りに欲望の無限の拡大を許らなければならなかったのだろう。しかしその行先は行き詰まりであり、自滅であることに気づき、いのちの実相に自ら気づく、という面倒な過程を通り、そうして次の段階、つまり自覚ある生物という種を生ずることになる。

この過程を経験するために、ヒトは科学というものを手がけ、それを体系化し、さらにそれを実用に供するために科学技術を発達させ、今日のような科学文明を展開したわけである。

こう考えて来ると、途中順調に発達してきた科学はその出発点において何らかの矛盾を含んでいたに違いない、と想像される。そこで気がつくのは、科学は何を目指して発達して来たのかということである。

科学それ自体はいわゆる好奇心を中核として発達したものであろうが、科学が人間生活と直接に接触する面で発達したのは科学技術である。だから今ここで問題になるのは科学でなく、科学技術である。その科学技術というものは、人間の便利・安全・快適・高能率を目指して開発されたものだ。つまり人間の感覚的欲望の満足を狙って来たものに違いない。しかしその欲望の充足を以って幸福の達成とすることは、明らかに事実に反する。われわれの経験がそれを否定する。

なるほど食欲・性欲その他の感覚的欲望の満足が人間の幸せと無関係だとは言わない。しかし、それが幸せの全部ではないことは、大ていの人は知っている。

そこに根本的矛盾がある。

その矛盾を含んだまま科学技術が発達して、かなり究極的成果をあげたのが、核兵器である。あれは便利・安全・快適・高能率、という科学技術の求むるものを、かなり完全に近い形で具えているのではないだろうか。無論、やられる側に立って言っているのではなく、やる側、つまりそれを活用する側の立場で言っている話である。

核兵器は人類絶滅用としては急性の効果を狙っているものだが、慢性用としては今日誰でも知っている食品、医薬品、農薬などによるいわゆる公害が蔓延している。

これらの科学技術によって生じた人類絶滅用の工業製品を、科学知識と科学技術によって封じ込めることができるだろうか、と言えばそれは絶対にできない。何故できないかと言えば、科学技術の出発点である人間の幸福とは何かという点で大きな片手落ちがあるからである。――この片手落ちは、種の進化のために謀られたことだと考えざるを得ないのだが。

物質による五感の満足ということが現実にあり得るかどうか、もしあり得るとしても、その満足でヒトが本当の幸福を得られるものであろうか。この点で大きな見落としがある。

――この見落としにヒトが気付いたとき、自分も、他物と思っていたすべての存在も全部、不思議なガラス板の右側の存在であることに気づく、つまり自覚した生物になるというわけである。

なお余談ながら、かなり昔から、物質文明の弊害に気づいてそれを呪い、大声を張り上げた人もあったし、今でもそういう人もあるようだが、それはバカな話だ。文明を忌み、〝自然に還ろう〟と叫ぶことは自由だが、その発想には逃げ腰的態度が見られる。つまり科学文明を避けて通ろうという消極的姿勢が見られる。これはやはり、科学文明と同次元での態度だと思う。――その態度を単純に非難しようと言うのではないが、その人の生存の足場になっている世界が、科学と同一平面であるか、全く異なったところに居るかが問題なのだ。

求むる幸せの、内容が問題なのだ。

同じ平面というか、足場というか、そういうところに居て、公害を避けよう、というのも公害を突破しようというのも、同次元でのもがきである。その道では解決に至らない。破滅しかないのだ。

ところが幸いにも、われわれにはもう一つの安全な道がある。それは乗り超える道である。公害を打破するのでも、突破するのでもなく、公害的事実の存在は横目で見て、別次元（ガラス板の右側）に足場を置いて、（現実の）五感と肉体を自由に操作する。

これより他に人は、この追い詰められた窮地を脱却して新たな世界を開く道はない、と言うのである。

この開拓はもう、目に見えないところで始まっている。そして人々は意外に近い将来、そういう世界が徐々に開けて来ていることに気づくだろう。

〔実用篇〕　生き方のポイント・本気

人間にとって一番大事なことは本気で生きることでしょう。仕事でも勉強でも遊びでも食事でも入浴でも、ともかく本気でできるのは大したことです。

では、その本気とはどんなことでしょう。「これが本気」と言って取り出して見せることは誰にもできません。しかし本気でない、嘘気、いい加減、ゴマカシ―そういうものは指摘できます。

その本気でないウソッ気の特徴は、ハタを気にしていることです。つまりひとがどう思うか、とぐるりの人の思惑を気にすることです。

その点で、夢中と本気とは違います。例えば、ドロボーや詐欺です。それを実行するときは夢中であり熱心です。しかしそれは本気ではありません。ひとに見つかりはしないか、バレはしないか、とまわりに気を配りながらやっているに違いありません。子どもの勉強でもそうです。「えらいわねェ」と言って、お母さんが今にも紅茶とケーキを持って来てくれるかと期待しながらやっているのは本気の勉強ではありません（因《ちなみ》に、そうすることを親の愛情だと思っているお母さんはバカお母さんです。参考までに付け加えておきます）。

泥棒や詐欺や、そういう勉強はハタに気を配ってやっているから、どんなに夢中に、熱心に見えてもそれは本気ではありません。碁や将棋やゴルフのようなことでも、相手の上役に花を持たせようと思っていたらどんなに熱心そうに見えてもそれは本気ではありません。

ともかく、本当の本気ほど大事なことはありません。どうしてでしょう。

本気を出しているとき、その人は幸せだからです。本論でおわかりの通り、人はいのちの流れに沿って生きるのが幸せであり、それが本当の善（道徳的善ではなく、絶対善とも言えるでしょうか）でありますから、本気を出していさえすれば幸せなのです。何故かと言えば、本気を出していればいのちの本流に乗っているのだからです。

——そういう理屈は実用篇には相応しくありませんから深追いせぬことにしまして、その本気というものはどうしたら出るかを述べましょう。ところが、これが最大の難問です。

「本気を出せ」と言われても出ませんし、「本気を出そう」と決心しても、そう簡単には出て来ません。

実は本気というものは、〝出る〟もので、〝出す〟ものではないのです。いや、それも間違いです。実は〝出す〟のでも、〝出る〟のでもないのでしょう。どちらかと言うと、〝出る〟方に近いかも知れませんが、そもそも本気は、出すとか出るなどと論ずる以外のところに〝出てくる〟ものなのだと思います。

――また筋の通らない屁理屈になってしまいましたが、私が本当に言いたいのは、「本気は安らぎから出る」ということなのです。「それではやっぱり出るんじゃないか」と言われそうですが、この安らぎ、安心の正体がわかると、そんな議論はしたくなくなります。本文をずっと読んでくださった方は、私がここで何を言おうとしているかわかってくださると思いますが、安心とは〝不安でないこと〟なのです。

その人の生き態《ざま》によっては、この世は正に不安が充満しているように思えます。そして感覚や感情を具えているわれわれが、ただそれを頼りに生きていると、この世は正に不安だらけ。食えるとか食えないとか、仲が良いとか悪いとか、核爆弾が破裂しそうだとか、食品公害だ、医薬の公害だと脅かされ、子どもが不良になりはしないかとか、もっとバカバカしいのは子どもが勉強ができなくて良い高校や大学へ入れなさそうだ等々。その不安にもピンからキリまであります。

なるほどわれわれ人間は感覚も感情も持っているのだから、そういう不安のカゲも形もなくなって、カンラカンラと高笑いを年中続けているようなわけには行きません。しかし人間の出来工合は、本文の中でご覧になった通り、そういう感覚や感情に基づく不安の中で右往左往していなければならないようには出来ていません。感覚や感情を全部取り払えばいいと言っても、それでは人間でなくなります。それなら首をくくってみればすぐにケリがつきます。われわれはそれもできないので、感覚や感情を持ったままで、しかもそれから起こる不安に小突き廻わされないうまい生き方はないだろうかともがくのです。私はそういうところを散々まごついた果てに出たところがいのちの世界だったのです。

このいのちの世界にいる自分に気がついたと言っても、不死身になったわけでなく、例えば一日も二日も何も食べなければ腹は減るし、誰かにわけもなくドロボー呼ばわりされたら腹も立ちます。昔、若い時にはそんな場合、まるごとの自分が空腹であるとか、自分の腹が立っているのだと思いました。ところが今は違います。この自分というものが二重になっているような気がするのです。そして、いろいろ面倒なことのない、そして生まれたり死んだりしないいのちの世界にいる自分の方が重要問題なので、腹が減ったり、腹が立ったりする方の自分はあまり問題ではないような気がします。

このように言うと、この二種の自分が別々に存在しているようですが、その有様を自分のアタマでどう理解し、どのように描いているかも本当を言うとわからないのです。ただ行動の上ではその二つの自分は全く一つで、バラバラになることはありません。不思議なことです。

このようなことを言うと、いわゆる修行を積んだ人々に嘲笑されるかも知れませんが、ともかく学問も修行もしたことのない素人であり全くの凡人である私は、あまりぜいたくは言わないで、この自分という生物の一個体は「死ぬより生きる方が好ましい」と思いながら生滅生死の世界を一生懸命生きればいいんだ、と思っているのです。ですから修行をしたこともなく、この世で損したの得したの、愉快だの不愉快だのと、忙しく生きている多くの凡人諸氏はあまりぜいたく言わず、私の体験したような、苦楽はありながらそれに引きずり廻わされない、というあたりで我慢しておいてくださったらよいがと思うのです。

仏教やキリスト教その他諸々の宗教は何を教えようとしているのか門外漢にはわかりませんが、どうも人々を本気に導くために安心を得させようとしているのではないかと想像します。それによって得られる安心は飛び切り上等、純粋無垢の安心でしょう。だからそれに御縁のある人はそれに頼るのが得策かと思います。

余白が少くなったから急ぎ結語を述べますと——

本気とその元の安心ということは言葉や文字で表わすことができないと言いながら、いろいろ言葉と文字を用いて来ました。今、振り返ってみると、やはり自分の味わっている本気だの安心だのの実物を示したくて何か言って来たようです。でも結局ガラス箱に入れた「本気と安心の見本」になってしまいました。どうかガラス箱を叩き割って中身を掴み出してくださる人があれば、と偏《ひとえ》に希《ねが》っています。

本書は一九七五年に柏樹社より刊行された『もう一つの人間観』を、地湧社が一九八四年に刊行した改訂版の新装版です。新装版発行にあたって、一部表記をあらため、明らかな誤字は訂正いたしました。

本文中、今日からみれば一部不適切と思われる表現がありますが、書かれた時代背景と著者の真意を鑑み、そのままといたしました。

【著者紹介】
和田重正（わだ　しげまさ）

1907（明治40）年、鎌倉で生まれる。東京帝大法学部卒業。17歳の頃から人生を深く悩み、苦悶の末、28歳の春に死を寸前にして奇縁に恵まれ、人生の大意を知る。東京で一誠寮を始め、戦争中より小田原ではじめ塾を、1967（昭和42）年からは丹沢山中で一心寮を開き、若い人たちの人生の友として在野の教育活動に専心した。1993（平成5）年没。
主著に『葦かびの萌えいずるごとく』『母の時代』『母、大地、そして悠久』（以上、地湧社）、『おとなになる ベスト版』『らしく生きる』『極楽』『無一可』（以上、くだかけ舎）。

もう一つの人間観　〈新装版〉

1984年5月10日　初版発行
2023年9月25日　新装版初版発行

著　者　和 田 重 正©
発行者　植 松 明 子
発行所　株式会社 地《ち》 湧《ゆう》 社
東京都台東区谷中7-5-16-11（〒110-0001）
電話　03-5842-1262　FAX　03-5842-1263
URL　http://www.jiyusha.co.jp/
装　幀　高岡喜久
印　刷　株式会社ディグ

ISBN978-4-88503-265-3　C0010

葦かびの萌えいずるごとく
若き日の自己発見

和田重正著

中学・高校生向けの通信「あしかび」を著者自ら精選した書（昭和47年刊）の復刊。10代の若者が直面する人生の疑問に添って、人生の本質、人生の不思議さと微妙な味わいを語った「いのち発見の書」。

四六判並製

母、大地、そして悠久

和田重正著

喜怒哀楽で見た自然の光景を、人間の小さな思惑を越えて手放しで見れば、みな生まれ、育ち、衰え、そして食い食われているだけ。身近な生き物を通していのちの世界を垣間見せ、その自然観を存分に語る。

四六判上製

たったひとつの命だから

ワンライフプロジェクト編

「たったひとつの命だから」のあとに、あなたならどんな言葉をつなげますか？　この呼びかけに応じてラジオに寄せられたメッセージ集。一人一人の言葉が聴く人の心を揺さぶり、深く響き合っていく。

四六判変型上製

みんな、神様をつれてやってきた

宮嶋望著

北海道・新得町を舞台に、様々な障がいを抱えた人たちと共に牧場でチーズづくりをする著者が、人と人のあり方、人と自然のあり方を語る。ここに格差社会を超えた自由で豊かな社会の未来図がある。

四六判並製

シベリアのバイオリン
コムソモリスク第二収容所の奇跡

窪田由佳子著

極寒と飢餓、強制労働の日々、父はこっそり廃材でバイオリンを手づくりした。芽ばえた希望、そして訪れた奇跡とは？　音楽を糧に苛酷な捕虜生活を生き抜いた父の実話をもとに娘が綴った珠玉の物語。

四六判上製